SNS時代の戦略兵器

陰謀論

民主主義をむしばむ認知戦の脅威

TOMOKO NAGASAKO
長迫智子

KEN KOTANI
小谷 賢

JUN OSAWA
大澤 淳

STRATEGIC WEAPONS
IN THE DIGITAL ERA

CONSPIRACY
THEORY

ウェッジ

人は軍隊の侵略には抵抗するが、
思想の侵略には抗えないものだ。

On résiste à l'invasion des armées;
on ne résiste pas à l'invasion des idées.

――ヴィクトル・ユーゴー『ある犯罪の物語 Histoire d'un crime』

はじめに――長迫智子

近年、ＳＮＳにおいて、陰謀論、陰謀論者といった言葉が散見されるようになった。それは新型コロナウイルス感染症の文脈であったり、ウクライナ戦争の文脈であったりとさまざまであるが、ＳＮＳという空間の中でそれは、時に批判的な「炎上」として、もしくは肯定的な「バズり」として我々の目に触れやすくなっている。

２０１５年のケンブリッジ大学による調査では、代表的な８つの陰謀論言説について、調査対象となったイギリス人の約10～50％がそのいずれかを真実と考えているという結果が出ている。例として使われた陰謀論は、「世界を支配する秘密結社が実は存在している」「人類は実はすでに異星人と接触している」といった内容であった。また、日本を対象とした調査でも、２０２２年に国際大学・山口真一准教授を中心としたチームによれば、当時拡散されていた代表的な７つの陰謀論（選挙不正、人工地震、世界を支配する組織など）について、調査対象者の約3~10%がそれらを見聞きしたと回答し、その主な媒体は、SNS、ネットニュース、マスメディアであった。

陰謀論は、不確実性、深い社会的不信、二極化、疎外感の時代に盛んになるという指摘がある。健全な民主主義が市民の信頼に依存しているとすれば、陰謀論はその信頼が揺らぎ始めたときに何が起こるかを示している。これまでの歴史において、陰謀論は世界の歴史と物語に対する、暗部としてのカウンタープログラムとして機能してきた。これまでは、サブカルチャーや反体制的言論などの非主流の言論枠組みの中で、この世界に起きた事件や歴史的経緯、社会の仕組みについて、闇の組織や謎の権力による支配、善と悪の二元論的対立を設定してネガティブな世界観で説明をすることで、人々の不安感や恐怖の受け皿となり一定の信奉者を獲得していたのである。

しかし、この現代において陰謀論言説は、議論の主題やサブカルチャーのトピックといった単なる言論空間の客体を超えた存在になりつつある。

これまでの歴史的背景と、インターネットの普及という技術的隆盛が後押しとなり、主に権威主義国家により、陰謀論は人々の認知領域への攻撃手段の一つとして利用され始めた。この陰謀論という戦略的なナラティブ(物語)の武器化によって、攻撃対象国への選挙干渉や体制破壊的活動にまでその攻撃の烈度が上がっている。陰謀論はもはやオカルトの与太話などではなく、現実的な安全保障上の脅威となっているのである。

本書では、アメリカ大統領選挙をはじめとする各国事例において陰謀論がどのように国家の意思決定を脅かす存在となっているか、そして、中国やロシアといった安全保障上の懸念国が、陰謀論というナラティブを戦略的に利用して我々の認知を攻撃することで、どのように我々の自由民主主義的価値観を脅かしているかを示し、さらにはその脅威が日本までをも侵食していることを明らかにする。

陰謀論とは何か

ここまで、陰謀論という語を自明のように使用してきたが、この語は非常に射程の広い言葉である。これまで、陰謀論は主に政治学や社会学の分野で議論されてきたが、本書では安全保障の観点からスコープを設定するにあたり、改めてその定義を確認しておきたい。

まず、先行研究で提示されているいくつかの定義を確認する。例えば、イギリスのラウトレッジ社の陰謀論に関するハンドブックの序文ではこのように定義が述べられている。

「陰謀論とは、時事問題や歴史の大筋を理解するための方法であり、意図主義、二元論、オカルティズムを特徴としている。陰謀論は、すべてが計画されており、偶然に起こることはないとし、世界を悪の陰謀者とその陰謀の無実の犠牲者に厳密に分け、陰謀は秘密裏に行われ、目的を達成した後もその存在を明らかにしないと主張する」

また、日本国内では、宗教社会学者の辻隆太朗氏が著書で次のように定義している。

「(陰謀論とは)ある事象についての一般的に受け入れられた説明を拒絶し、その事象の原因や結果を陰謀という説明に一元的に還元する、まじめに検討するに値しない奇妙で不合理な主張とみなされる諸理論」

これらの定義は、恐らく、一般的な陰謀論のイメージに合致するものではあると考えられるが、オカルティズムへの言及や「まじめに検討するに値しない」といった表現は、陰謀論の脅威を矮小化してしまう危険性もあると筆者は思料する。

そこで、本書においては、アメリカの政治学者であるマイアミ大学のジョセフ・ウシンスキー教授の定義を採用したい。同教授は著書『陰謀論入門』(作品社)において、まず「陰謀」の定義から始め、陰謀に関する言説が陰謀論化していく流れを整理して次のように定義づけを行っている。

「陰謀というのは、権力を持つ個人からなる少人数の集団が、自分たちの利益のために、公共の利益に反して秘密裏に行動するものだ。この用語を一般的な語法において、法令用語としてではなく使う場合、それが示唆するのは、権利を阻害したり、社会の基本的な制度に変更を加えたり、大々的な詐欺行為を行ったりといった大規模な試みを指し、その大半は従来の法律上の陰謀の定義には収まらない」

「何らかの陰謀が起こったと非難する認知が正当化されるのは、適切な認識論的権威によって、それが実際に起こったと判断された場合である」

「適切な認識論的権威とは、関連分野における知識に関する主張を評価し、広く認められている方法を用いて有効なデータから偏りのないやり方で結論を導き出すための訓練を受けた人のことを指す」

「陰謀論とは、過去、現在、未来の出来事や状況の説明において、その主な原因として陰謀を挙げるものを指す。（中略）陰謀論は、何かを非難する見解であり、真実あるいは虚偽である可能性があり、また認識論的権威による公式な意見が存在する場合には、それと矛盾するものだ」

　ここでいう認識論的権威とは、簡潔に言えば、学者や裁判所、議会などの専門家を指している。歴史的に、社会制度の変革を恣意的に狙った陰謀として要人暗殺などが実行されたケースはあり、陰謀に言及することそれ自体は陰謀論ではない。ただし、それは司法や行政、研究などで事実として明らかになった場合に客観的な議論が可能となるのであり、それまでは陰謀と決定する態度は留保する必要がある。それにもかかわらず、証跡やデータが十分でない状況で何らかの事案を陰謀と決めつける、もしくは陰謀を否定するデータなどがあるにもかかわらず、それを受け入れずに陰謀と決めつけて非難する、そうした言論のあり方が陰謀論となるのである。

しかし、SNSを中心とした現代の言論空間においては、このような認識論的権威の設定はもう少し射程を広く取る必要がある。各国でのファクトチェック団体においては、職業的に訓練されたジャーナリストだけでなく、一般市民や学生によるボランティアの参加も多い。また、X（旧ツイッター）においては、コミュニティノートという形で誤解を招く恐れがある投稿に対して根拠を示した上で訂正を示したノートを表示させることができる。コミュニティノート投稿にはX上でのライセンスが必要になるが、このライセンス取得の申請をした上でノートの評価活動などで一定のポイントを貯めれば、誰でもこの資格を得て投稿が可能となる。一方で、SNS上では自身のマーケティングなどのために、専門職の肩書きを悪用して陰謀論を広めてしまう「有識者」も存在する。陰謀論やディスインフォメーション（偽情報）を拡散する政治家や医師の投稿に、適切なエビデンスを伴うコミュニティノートが付されていることも珍しくない。

このような環境においては、ファクトチェックにおいて一定の経験がある一般市民の集合知も、場合によっては認識論的権威に互換し得るものと考えても良いだろう。

この定義は抽象的でやや複雑ではあるので、実際の事例に対して具体的な当てはめを行ってみよう。当てはめの例として、２０２４年7月に起きた、ドナルド・トランプ暗殺未遂事件をめぐるＳＮＳ上の言説を取り上げる。

例：「トランプはバイデン政権の陰謀によって狙撃された」という主張

「トランプが狙撃された」＝警察の現場検証やトランプの怪我を診察した医師のコメントから、認識論的権威に裏づけされた事実。

「バイデン政権の陰謀」＝事実であれば、選挙結果に影響を与えようとするという社会制度の恣意的な変更なので陰謀に当てはまる。しかしそうした主張を裏づける情報はいまだなく、現時点では不明。

「陰謀によって狙撃された」＝狙撃の全貌、因果関係が不明な現状では、誤った関連づけとなる。もしくはこのような関連づけが意図的であれば、操作された情報となるので、これはディスインフォメーションに分類される（ディスインフォメーションについての整理は第2章を参照されたい）。この関連づけがディスインフォメーションであることに加え、狙撃の説明においてその主な原因として陰謀を挙げているため、陰謀論としても分類され得る。

また、陰謀や陰謀論の定義を示したものの、それがどのようなトピックで扱われるか、イメージがつきにくい向きもあるかと思われる。そのため、さらなる理解の助けとして、陰謀論的信念の程度を測るために作成された「一般的陰謀論者信念尺度（Generic Conspiracist Beliefs Scale）」を紹介したい（日本語訳については、横山茂雄他『コンスピリチュアリティ入門』〈創元社〉の辻隆太朗氏の訳文を引用した。原文文献は巻末参考文献に記載）。

1. 政府は罪のない市民や有名な公人の殺害に関与しており、それを秘密にしている。
2. 政府は自国内でのテロ行為を許可または実行し、その関与を隠蔽している。
3. 政府は自らの犯罪行為への関与を隠すために国民を騙している。
4. 国家のトップの持つ権力は、世界政治を実際に支配している、知られていない小さなグループの権力より劣っている。
5. 戦争など、世界についてのすべての重要な意思決定をするのは、小さな秘密のグループである。
6. ある種の重要な出来事は、世界の出来事を密かに操る小さなグループの活動の結果である。
7. 秘密組織が地球外生命体と交信しているが、その事実は一般大衆には隠されている。

8．宇宙人とのコンタクトの証拠は、一般大衆には隠されている。
9．UFOの目撃や噂は、本当の宇宙人とのコンタクトから人々の目をそらすために計画されたり、演出されたりしている。
10．ある種のウイルスや病気の蔓延は、ある組織の意図的で隠された活動の結果である。
11．マインドコントロールの技術は、知らないうちに人々に使われている。
12．新薬や新技術の実験が、一般大衆に知られることなく、また同意を得ることもなく、日常的に行われている。
13．科学者グループが、一般大衆を欺くために証拠を操作したり、捏造したり、隠蔽したりしている。
14．現在の産業にとって不都合な、新しい高度な技術が抑圧されている。
15．多くの重要な情報が、私利私欲のために意図的に隠蔽されている。

この15項目について信じている項目が多ければ多いほど、陰謀論者の傾向が強いといえる。信じているとまでいかなくとも、同意したり共感したりする部分があれば、同様に陰謀論的な思考様式に親和性があるということだ。

陰謀論を信じたり拡散したりしてしまう人は、社会に害意があるわけではなく、むしろ正義感からこのような言説を支持・拡散してしまうことも多い。しかし、拡散しようとしている情報について、先の定義との照合のように、その論理的整合性に矛盾や誤謬がないか確認することで、拡散を思い留まることができる場合もあるだろう。

社会の分断を広げることを狙いとして、権威主義国家によって陰謀論が武器化されている現在、何かしらの「陰謀」を非難しようとする正義感は、逆にそうした勢力に利用されてしまう。このような情勢に対抗するためには、地政学的な知識と十分なサイバーリテラシーが必須になっている。

SNS上で情報戦、認知戦が繰り広げられるこの時代、旧来の安全保障観は崩壊した。今や市民一人ひとりが知らず知らずのうちにサイバースペースを通じて戦場に立たされてしまっている。そのような意識をもって、この混沌とした情報戦時代に立ち向かっていかねばならない。

陰謀論が民主主義を脅かす脅威であり、我が国の体制、そしてすべての国民も備えの必要があるという現状について読者の皆さまにご認識をいただき、本書が警鐘を鳴らす一助となればと考える。

SNS時代の戦略兵器
陰謀論
民主主義をむしばむ認知戦の脅威

目次

第2章

認知領域の戦いにおける陰謀論の脅威——長迫智子

第4章

戦場となる日本の情報空間——大澤 淳

1 国外の陰謀論事情は「対岸の火事」か？ 174

情報工作と陰謀論の親和性

「陰謀」と「陰謀論」の定義

ハイブリッド化する現代の戦争

陰謀論は戦争と国家の帰趨を左右する

ウクライナ戦争をめぐる日本国内の陰謀論

日本で陰謀論はどのぐらい浸透しているのか

人が陰謀論に惹かれるメカニズム

実は100年前の日本でも流布していた陰謀論

第1章

陰謀論に揺れたアメリカ大統領選挙

長迫智子

1　2024年アメリカ大統領選挙をめぐる陰謀論

陰謀論による選挙干渉、体制破壊的行動の影響を現在最も受けているのがアメリカである。アメリカは、1800年の大統領選挙の時点でも陰謀論的言説が拡散されており、民主主義の発展と陰謀論の流布が表裏一体となった歴史を有する国の一つである。本章では、アメリカ大統領選挙をめぐって、どのような陰謀論が展開され影響をもたらしたのかを分析する。

トランプ暗殺未遂

2024年7月13日、アメリカの元大統領であり、2024年大統領選挙における共和党の有力候補者であったドナルド・トランプが、ペンシルベニア州バトラーでの選挙集会中に銃撃される暗殺未遂事件が発生した。

事件は、トランプが支持者に向けて演説を行っている最中に起こった。犯人はペンシルベニア州ベセルパーク出身の20歳の男性、トーマス・マシュー・クルックスである。クルックスは、トランプの演説中に近隣の建物の屋上からAR―15型ライフルを使用して8発の銃弾を発砲した。これにより、トランプは右耳に軽傷を負い、集会の参加者1名が死亡、さらに2名が重傷を負った。クルックスはその場でシークレットサービスの狙撃チームにより射殺された。事件直後、星条旗を背景にして、耳から血を流しながら拳を突き上げるトランプの姿が撮影された。民主主義への挑戦とも言うべき暴力に対抗し、不屈の精神を象徴するかのようなトランプの姿を収めた写真は数多くのニュース記事を飾り、SNSで拡散された。

事件直後、トランプはシークレットサービスの護衛下で速やかに現場から避難し、病院に搬送されている。トランプの傷は軽傷であり、その日のうちに退院した。その後、トランプは7月15日にウィスコンシン州ミルウォーキーで開催された共和党全国大会に出席し、右耳に包帯を巻いた姿で公の場に再登場した。この演説において、トランプは支持者に向けて銃撃事件のあらましを語り、観客は「ファイト！」と連呼し、銃撃から生還したトランプに熱狂した。

犯人のクルックスについては、これまで公開されている情報では、彼の政治的動機や思想に関する明確な証拠は報告されていない。アメリカ連邦捜査局（FBI）の発表によると、クルックスには過去の犯罪歴はなく、事件前にはＦＢＩや他の法執行機関による監視対象にはなっていなかった。また、メンタルヘルス上の問題があったと示す情報もこれまでのところ確認されていないようだ。

このように、事件直後には確定的な情報に乏しい状況であったにもかかわらず、このセンセーショナルな事件に対して、数多くのディスインフォメーション（偽情報）や陰謀論が流布された。アメリカのファクトチェック団体「ポリティファクト」によれば、次のような陰謀論を含む偽・誤情報が確認されている。

クルックスに関する偽・誤情報

×フェイク　犯人はハンク・ペッカー、マーク・バイオレット、マックスウェル・イヤーリックといった名前である。

○ファクト　前述の通り、犯人の名前はトーマス・マシュー・クルックスである。

×フェイク　犯人は、金の長髪の男である。（写真とともに拡散）

○ファクト　犯人は暗めの茶髪の男であった。

×フェイク 犯人は、トランスジェンダーである。

○ファクト 犯人の性自認に関する確定的な情報はない。

×フェイク 犯人は、キッパやヤルムルケとして知られるユダヤ教の被り物をした人物である。

○ファクト 犯人がそのような被り物を被っていたとの確定的な情報はない。

×フェイク 「共和党員の喉を切り裂け」と叫んでいる動画の男が犯人だ。

○ファクト 拡散された動画は、実際には2020年にアリゾナ州立大学のキャンパスで撮影されたものだった。

×フェイク クルックスの名前を使ったインスタグラムのアカウントが、実業家ジェフリー・エプスタインについて、「エプスタインの邪悪な帝国を倒す」などと言及している。

○ファクト 運営元のメタ社によれば、同アカウントの名義は虚偽と判明したとして削除されている。なおエプスタインは富裕な実業家であるが、未成年者を含む性的人身取引と共謀の罪で起訴されており、通称エプスタイン島と呼ばれる人身売買や売春斡旋のための島を有していたことで有名。陰謀論と児童性的虐待の関係については後述。

×フェイク クルックスは2016年と2020年の大統領選挙の際に、それぞれヒラリー・クリントンとジョー・バイデンに投票した民主党員だった。

○ファクト 2003年生まれであるクルックスの年齢を考慮すると2016年と2020年の選挙では選挙権を得ていない。またクルックスは共和党員であった。

×フェイク クルックスには逮捕歴がある。

○ファクト 記録によると、クルックスには公的な犯罪歴はなく、FBIは銃撃事件の前の時点で彼は監視下になかったと述べている。

×フェイク 犯人は「アンティファ（ANTIFA）」の一味である。

○ファクト トランプやその支持者に対する脅威として、アンティファの暴力を過剰に強調するこのような情報が拡散された。実際には、犯人がアンティファと関連しているという証拠はなく、FBIによる公式発表でもそのような関与は否定された。アンティファは反ファシズム運動を掲げる左翼グループで、特にトランプ支持者の間では、暴力的な行動を取る過激派集団と見なされている。

トランプに関する偽・誤情報

×フェイク トランプは耳だけでなく胸も撃たれており、銃撃時の写真で、スーツに穴が確認できる。

〇ファクト トランプのスーツの胸部分に銃弾の穴はない。メディア上で確認できる画像で銃撃による穴とされているものは、シークレットサービスの上着のしわである。トランプもFBI捜査官も主要な報道機関も、トランプの胸に銃弾が当たったといった内容には言及していない。

×フェイク トランプの右耳は銃撃で負傷した後、1日で怪我が治った。もしくはトランプは右耳を撃たれていない。

〇ファクト この証拠だと主張する写真は２０２２年のもので、トランプは7月13日から耳に包帯を巻いている。

×フェイク トランプは、負傷した翌日に集会でゴルフをしていた。

〇ファクト この主張に際し拡散された写真は、銃撃事件より前のものである。

シークレットサービスに関する偽・誤情報

×フェイク 銃撃直後、トランプを壇上から避難させる際に、シークレットサービスが微笑んでいた。

〇ファクト 笑っているように見えるよう加工された写真が出回ったものである。

×フェイク 画像掲示板「4chan」のある匿名ユーザーは、自分がジョナサン・ウィリスというシークレットサービスのエージェントで、トランプに発砲した暗殺犯を撃つなと命令されていたと主張した。

〇ファクト シークレットサービスの広報担当者は、これは虚偽であり、シークレットサービスはそのような名前の人物を雇っていないと述べた。

×フェイク シークレットサービスのスナイパーは、ユダヤ教の神秘主義思想（カバラ）と結びついた赤い紐のブレスレットを着けていた。

〇ファクト スナイパーの拡大写真を見ると、彼は赤い文字の入った黒いバンドと、赤と黒のビーズの入った黒い紐を着けていたが、それらはカバラに関するデザインではなかった。

アメリカだけでなく日本でも多く拡散された偽・誤情報

×フェイク この銃撃事件は塗料入りボールを用いた自作自演だ。

〇ファクト 現在まで、そのような証拠は見つかっていない。

×フェイク アメリカ国内の「ディープ・ステート」と呼ばれる陰の政府勢力が、トランプを暗殺しようとした。

〇ファクト 現在まで、ディープ・ステートと呼ばれる組織そのものや、それによる暗殺に関する陰謀の証拠は明らかになっていない。ディープ・ステートについては後に詳述するが、トランプ支持者の間では、彼が既存の権力構造を揺るがす改革者として登場したため、ディープ・ステートの勢力がトランプを排除しようとしているという見方が根強く存在していた。こうした土壌の上で、SNS上のトランプ支持者を中心に「ディープ・ステートがトランプを抹殺しようとしたが、失敗に終わった」という主張が拡散され、支持者の間でトランプの神格化が進み、支持者の結束を強めた。

×フェイク
トランプが撃たれる瞬間に顔を動かしたことについて「『日本の古い親友の声が聞こえた』と話している」として、安倍晋三元首相の画像を貼りつけた投稿や動画などがX（旧ツイッター）やTikTokで複数投稿された。

○ファクト
拡散の元となったXの投稿を行ったアカウントは「みんなが私のジョークを真剣に受け止めている」と述べている。また、トランプも、7月18日の共和党大会でのスピーチにおいて、スクリーンに映る移民に関するグラフを見るためにわずかに顔を右に向けたことで、致命傷となるはずの弾が右耳に当たるだけで済んだと説明している。

×フェイク　この暗殺は秘密結社であるイルミナティによって予定されていた。

○ファクト　イルミナティカードというカードゲームのカードのうち、「Enough is Enough」というタイトルのカードに描かれているイラストがトランプに酷似しており、銃弾のような描写がある、カードの説明文にスナイパーが登場する、といった要素から予言と捉えられたもの。このカードゲームは初版が１９８２年で、トランプ暗殺未遂以外にも予言が含まれていると話題になっているカードは主に１９９４年版のものが多い。このカードについては、トランプがモデルという確たる証拠はない。イルミナティは、18世紀ドイツ（当時は神聖ローマ帝国）でイエズス会修道士により結成された秘密結社である。実際には10年弱で公には結社は解散させられたが、フランス革命時の陰謀論や20世紀のユダヤ陰謀論者による著作で取り上げられたことにより、歴史の陰で活動が継続していることにされ、陰謀論の中の主要アクターとして定着した。このイルミナティカードは、そうしたイルミナティ陰謀論をゲーム化した単なる玩具としてのカードゲームである。

このように、SNSでは何か一つ大きな事件が起こると、数多の偽・誤情報が拡散されるようになってしまった。そして、こうした偽・誤情報のロジックの中に、ディープ・ステートやイルミナティといった陰謀論のナラティブ（物語）や、ユダヤ教や児童性的虐待といったナラティブの中で頻出する特定のキーワード、またこうした具体的名称を伴わずとも陰謀論の構造を伴った主張が織り込まれるようになってきているのである。

そして、このようなナラティブは、必ずしも自然発生し拡散されているわけではない点にも注意が必要だ。ロシア大統領府のドミトリー・ペスコフ報道官は、「バイデンと民主党はトランプの命を『明白な』危険に晒し、大統領選挙からトランプを排除しようとしたが失敗し、暗殺未遂を誘発した」と事件に対して述べている。ロシア外務省のマリア・ザハロワ報道官は、トランプの暗殺未遂はアメリカの民主主義が原因であり、「リベラル派が（民主主義を）自殺寸前まで追い込んだ」と述べた。ザハロワ報道官はまた、「アメリカの崩壊は、もはや不可能な予言とは思えない」とも述べている。

両報道官のこのようなコメントをはじめとして、ロシアのトップクラスの議員、外交官、報道関係者、知識人たちは、トランプの命が狙われたことで「アメリカ型の民主主義は間違っており、深く腐食していることがこの事件によって確認された」というナラティブの拡散をウェブメディアやSNS上で推し進めた。さらにはそうした報道の中には、ロシア人アナリストのピョートル・アコポフによる分析記事で「トランプを殺害することがワシントンのディープ・ステートの中で唯一の選択肢であった」と述べられているように、明示的にディープ・ステートに言及するものもあった。これらのナラティブは、RT（旧ロシア・トゥデイ）やスプートニクといったロシア国営メディアによって、世界各国で強く拡散されたものである。

アメリカ大統領選挙に向けた陰謀論の拡散

アメリカ大統領選挙を2カ月後に控えた2024年9月、アメリカは、ロシアの影響力工作に対する大規模な制裁を発動した。司法省、国務省、財務省は共同で、ロシアの作戦に「積極的に対抗」するための協調行動を発表したのである。同3省は大統領選挙を妨害する広範なキャンペーンを実行するロシアを非難し、ロシア国営メディアの幹部を告発し、制裁を科し、ロシア政府に関連する放送局による発信を制限した。

メリック・ガーランド司法長官は、RTがテネシー州の企業に1000万ドル（約15億円）を支払い、「ロシア政府のメッセージが隠されたコンテンツを作成し、アメリカの視聴者に配信した」と非難した。RTの編集長であるマルガリータ・シモニャンは、「国民の信頼」を傷つけようとした疑いで制裁を受けることとなった。続けてガーランド長官は、モスクワはトランプとカマラ・ハリスの選挙戦において「好ましい結果」を確保したかったのだと述べた。

ホワイトハウスのジョン・カービー戦略広報担当調整官は、ロシアの一連の作戦は「ウクライナへの国際的支援を減らし、親ロシア派の政策と利益を強化し、アメリカの有権者に影響を与える」ことを目的としていると述べている。RTについても、「クレムリン（ロシア政府）のディスインフォメーション工作の多くはRTによって指示され、資金提供されているため、RTはもはや単なるクレムリンのプロパガンダ部門ではない」とコメントしている。

さらに財務省関係者は、RTをはじめとするロシアの国営メディアは、「自分たちの悪質な活動を支援するために、アメリカのインフルエンサーを密かにリクルートする悪質なキャンペーン」を行ってきたとも述べている。

今回の制裁を含め、ロシアの影響力工作に対するバイデン政権のこれまでの主な対応は、次の通りである。

・モスクワを拠点とするRTの管理者2名（コスティアンティン・カラシニコフとエレーナ・アファナシエワ）を、アメリカ国内のコンテンツ制作者に報酬を支払い、アメリカの視聴者に「親ロシア的なプロパガンダとディスインフォメーション」を流すよう斡旋したとして告発。

・シモニャンRT編集長を含む2つの団体と10人に対し、「アメリカの組織に対する国民の信頼を悪化させることを目的とした活動」を行ったとして制裁を行うと発表。

・ロシア政府が支援するメディアの従業員のビザを制限。

・ソーシャルメディア上で、アメリカの特定の層や地域をターゲットに「AIが生成した偽のナラティブを密かに宣伝」するために使用された32のインターネット・ドメイン名を押収。

・メディアグループ「ロシヤ・セゴドニヤ」とその子会社5社（RIAノーボスチ、RT、TVノーボスチ、ラプリー［Ruptly］、スプートニク）を「在外公館」に指定し、アメリカ政府への人事情報の報告を義務づける。

・ロシア人ハッカー集団「Russian Angry Hackers Did It（RaHDit）」に関連するハッカーの情報に対して1000万ドルの報奨金を提供する。

これらの制裁内容に鑑みれば、アメリカはロシアの影響力工作を大きな脅威と捉えていることが分かる。そして、アメリカにとってもはやRTやスプートニクは一メディアなどではなく、ロシアの影響力を行使するための情報機関の一部と見なしていると言えるだろう。

現在のアメリカで主要な陰謀論言説

この大統領選挙に向けた選挙戦では、トランプ自身や、その支持者によって、多くの偽・誤情報が拡散された。その中で、どのような類型の陰謀論が拡散されたのかを、コロラド州コロラド・スプリングスの日刊紙「ザ・ガゼット」の調査をベースとして筆者による調査も加え、次に整理する。

1．グレート・リプレイスメント（大置換論）

非白人を意図的に移民させることで、白人の政治力と文化を衰退させようとする陰謀があるという人種差別的陰謀論である。共和党下院議員のエリス・ステファニックは、フェイスブックに広告を掲出し、民主党が「現在の有権者層を転覆させる」ために何百万人もの不法移民に恩赦を与えることを望み、「永続的な選挙介入」を行っていると警告した。

また、ニューヨーク州バッファローで10人を殺害した事件で、黒人を標的にした罪に問われている18歳の白人男性は、この理論から影響を受けた内容のヘイトスピーチをウェブサイト上に投稿していた。

この理論はトランプの反移民的言説と相性が良く、例えば2024年9月のテレビ討論会でトランプが発言した「オハイオ州スプリングフィールドでは、移民が犬や猫、ペットを食べている」といった言説も、こうした土壌から移民が「白人の」ペットを食べている、といった形でこのグレート・リプレイスメントと結びつけて拡散されている。

この陰謀論の拡がりは、もはやアメリカ国内だけの問題ではなくなっている。第2章で詳述するイギリス・サウスポートでの暴動事件をはじめ、真偽を問わず移民が関与していると思われる事件や社会的事象に対して、移民を批判する人々が容易にこの陰謀論に飛びついてしまっている。また、本来は白人をターゲットとした陰謀論であったはずが、日本版グレート・リプレイスメントなどと表現され、日本への移民流入に対しても援用されていることがXなどでは確認されている。例えば、インフルエンサーである西村博之（ひろゆき）はXにおいて、移民流入と少子化問題を結びつけて、「例の組織による日本人消滅作戦が順調に進んでいる様子。日本人を減らして、外国人移民を代わりに入れ始める作戦が始まる頃かな？[1]」といった陰謀論的批判を展開していた。

さらにこの陰謀論は、移民とそれ以外の国民、という形で社会の分断を大きく広げる役割を果たす。第2章、第3章で後述するように、陰謀論を使って影響力工作を行う中露にとっては、攻撃相手の社会の分断に影響する要因は、脆弱性として有望な狙い目である。この陰謀論を拡散することは、外国からの影響力工作を誘き寄せることにつながるのだ。反移民的言説は、どちらかというとその性質から愛国者的立場の人々によって主張される傾向があるが、それが統計的な批判などではなく陰謀論のレベルに至ってしまうと、結果的に外患誘致につながり、いわゆる売国と見なされる行動になってしまうのは皮肉なことである。

グレート・リプレイスメントは、移民問題という普遍性と当てはめのしやすさ、そして影響力工作への利用のしやすさから、拡散に注意すべき陰謀論の一つである。

2. ユダヤ陰謀論

ユダヤ人が「白人に対する憎悪」を助長し、欧米諸国にLGBTなどの「マイノリティの大群」を持ち込むことを画策しているという陰謀論が再浮上している。起業家のイーロン・マスクは2023年、この陰謀論の内容を投稿したXユーザーに対して「あなたは真実を言った」と投稿した（後に謝罪）。

この説は、ユダヤ人を世界の出来事を密かに操る黒幕として描くことで、万能で世界的な陰謀集団を演出するものである。この陰謀論では、フリーメーソンやイルミナティなどの秘密結社、また中世南ロシアに栄えたユダヤ教徒の遊牧民ハザール人に起源を持つとされる

「ハザリアン・マフィア」などの陰謀組織グループを世界の陰の支配者として設定するが、その他にも近代以前からある反ユダヤ主義的陰謀論のバリエーションは数多く存在する。今日のユダヤ陰謀論では、金融家ジョージ・ソロスのようなユダヤ人エリートが、そのような集団のリーダーとして名指しされることも多い。

この陰謀論は、国際的に大きな事件が起こると実しやかに拡散されるが、近年では例えば、ロシアのウクライナ侵攻は、ウクライナを支配するナチスを、あるいはナチスのように支配しているとされる「ハザリアン・マフィア」を排除するための正しい戦いであるとして、ロシアの侵攻を擁護する形でテレグラムを中心に広まっていた。また、イスラエルとハマスの武力衝突においては、グレート・リプレイスメントと融合した陰謀論も拡散されている。有色人種をパレスチナからヨーロッパと北アメリカの白人の多い国々に強制移住させることで、白人の入れ替わりを加速させるため、ハマスは「イスラエルが作り出した代理人」とされ、この武力衝突は「白人以外の人々を白人国家に多く輸入するための計画的な紛争である」という主張である。

このようなユダヤ陰謀論拡大に寄与し、最も悪用してきたのがロシアである。その歴史は古く、ロシア当局がディスインフォメーションを利用した戦術において反ユダヤ主義を利用するようになったのは、100年以上前に遡る。その端緒の一つは、1900年代初頭にロシア帝国内務省の警備局が関与し、『シオン賢者の議定書』を捏造したことである。これは各国で反シオニスト運動を巻き起こし、ドイツのホロコーストにもつながったとされる。この反ユダヤ主義はソ連でも継承され、ソ連国家保安委員会（KGB）は、カトリック教会、西ドイツ、アメリカといった敵対勢力の信用を失墜させるために、ユダヤ陰謀論を利用した工作を行っている。そして、アメリカ国務省のグローバル・エンゲージメント・センター（GEC）の調査によれば、現在はロシア連邦保安局（FSB）がユダヤ陰謀論を利用したディスインフォメーションをオンラインで拡散するために、ニュースサイトやテレグラムチャンネルなどに資金を提供していることが判明している。反ユダヤ的なロジックを用いた陰謀論の背後には、ロシアの歴史的な影響力工作が存在していることに注意が必要である。

２０２３年12月に行われた調査会社 YouGov の世論調査では、共和党員の60％、民主党員の28％が、「密かに世界の出来事をコントロールし、世界を支配している単一のグループが存在する」と信じているという結果が出ており、この陰謀論の影響力の強さが窺える。これは反ユダヤだけでなく次のディープ・ステート陰謀論にも関わる内容である。

3．ディープ・ステート陰謀論

ディープ・ステート（深層国家）とは、オックスフォード英語辞典などの辞書上の定義では、「政府機関や軍の影響力のあるメンバーで、政府の政策を秘密裏に操作したり、管理したりすることに関与していると信じられている人々の集団」として定義されている。しかしこの概念は、地域、時代、集団によって多義的に使用されてきた。

先行研究によれば、ディープ・ステートはトルコに由来する用語である。トルコでは、市民が長い間、「Derin Devlet（トルコ語でDeep Stateを意味する）」について懸念を抱いてきた。トルコにおけるディープ・ステートとは、引退した将軍や組織犯罪集団とつながりのある、政府のさまざまな部門にいる個人からなる秘密裏のネットワークを指していた。その目的は、世俗主義を維持し、共産主義を破壊することであった。１９５０年代から、トルコのディープ・ステートは殺人や暴動を計画し、麻薬密売組織と結託し、敵対勢力に「偽旗」攻撃を演出し、労働組合員の虐殺を企図した。こうした「陰謀」により何千人もの死者を出したことから、トルコでは「ディープ・ステート」に非常にネガティブかつ恐怖に近いイメージが染みついている。

この概念がアメリカに輸入された当初、研究者などの有識者は、ディープ・ステートを軍やインテリジェンス機関の官僚組織、特に政府に関する、彼らにとって不利な情報を外部にリークする組織といったような意味で使っていた。しかし、２０１６年のアメリカ大統領選挙によって、この語をめぐる状況は一変する。ロシアがトランプに有利になるように選挙干渉を行っていたとアメリカ中央情報局（ＣＩＡ）などのインテリジェンス機関が判断して以来、トランプとインテリジェンス・コミュニティとの関係は緊張状態にある。トランプは、自身とロシアとの関係に対するインテリジェンス機関による評価に異議を唱え、過去の諜報活動の失敗を非難し、彼らがトランプに不利な情報のリークを行う様を「まるでナチス・ドイツがやるようなこと」と表現した。

トランプ自身は、ディープ・ステートという用語を２０１６年の大統領選挙時点では声高には主張していなかったが、この対立構造からトランプの支持者たちは、トランプを弱体化させようとしている、選挙で選ばれたわけでもない政府高官たちの「陰のネットワーク」を指す用語として、ディープ・ステートの概念を採用した。ドナルド・トランプ・ジュニアやＦＯＸニュースの司会者ショーン・ハニティ、極右系ニュースサイトであるブライトバート・ニュース・ネットワークなどがこの用語を使い始め、トランプ支持者に浸透していった。こうした流れから、「トランプは闇の政府（ディープ・ステートを陰の政府や闇の政府と表現することもある）と戦う救世主＝光の戦士」といった思想が徐々に生まれていった。光と闇といった対立からは、善悪二元論の宗教に類似した思想体系にまで成長していることが窺える。そして、この陰謀論言説の盛り上がりから、２０２４年の大統領選挙では、トランプは積極的にディープ・ステートの打破を謳った。

このディープ・ステート陰謀論は、現在はアメリカ国内に留まらず、アメリカと同じ自由民主主義的価値観を共にする欧米諸国や日本でも拡散され、その対立構造の援用が各所で起きている。ウクライナ戦争では、ウォロディミル・ゼレンスキー大統領はディープ・ステートの一員であり、ウクライナを支援する欧米諸国もまたディープ・ステートと見なされ、対してウラジーミル・プーチン大統領はディープ・ステートと戦う光の戦士となるわけである。また、2024年5月に日比谷公園で行われた反ワクチン集会においては、参加者自らが「私たちは光の戦士」と自称する様子も見られた。

また、前述のトランプ銃撃事件に関するディスインフォメーションで、容疑者と関連づけられた実業家ジェフリー・エプスタインも、彼らの中ではディープ・ステートの一員と考えられている。エプスタインは富裕層や政治家と交流があり、またその裁判資料などにおいて、イギリス王室のアンドリュー王子やビル・クリントン元大統領といった要人の名前が登場したため（本人や司法代理人などは関与を否定）、そうした権力者と近しい関係であることはディープ・ステートと同一視される理由となった。そして、ディープ・ステートが小児性愛者集団である、性的人身売買を組織的に行っている、といった陰謀論的イメージを形成する一因ともなった。

2023年12月のYouGovの世論調査によると、共和党員の42%が「多くの民主党上層部」が小児性愛の人身売買組織に関与していると考えている。これは前述のディープ・ステート陰謀論にも影響を受けている。この陰謀論は2016年に実際の事件に発展した。当時、ワシントン北西部にあるピザレストラン「コメット・ピンポン」が、ヒラリー・クリントン候補率いる児童虐待組織の一員として、幼い子供たちを性奴隷としてかくまっているという記事が拡散されていた。この陰謀論を信じたノースカロライナ州在住の28歳の男は、このピザ屋に押し入り、店内でAR―15型ライフルを発砲した。幸い負傷者は出なかったが、武器使用により男は逮捕された。子供が悲惨な被害に遭っている、というストーリーは受け手の正義感を刺激しやすく、このように実際の襲撃行動にまで至るような扇動性があることには注意すべきであろう。

4．芸能人を利用した心理作戦の陰謀論

最近の世論調査によると、共和党員の3人に1人が、人気歌手テイラー・スウィフトと、プロフットボールリーグNFLのカンザスシティ・チーフスの選手トラヴィス・ケルスの恋愛沙汰は、政府による極秘心理作戦の一環としてでっち上げられたものだと思うと答えている。この陰謀の目的は、チーフスが勝利することで、スウィフトにバイデンを支持するためのさらに大きな権威を与えられ、2024年の大統領選挙をバイデンに有利にすることだと

いう。

エラスムス大学のシモーネ・ドリーセン准教授は、「ファンの行動の実践は、武器化される可能性がある」と指摘しており、ファンという特定の情報の拡散を行いやすい土壌を有する芸能人やセレブリティなどの有名人の言動は、陰謀論を用いた工作に悪用されやすい。2023年頃から、有名人を利用して欧米諸国のウクライナ支援を批判するディープフェイクを拡散していた、ロシアによる「ドッペルゲンガー・キャンペーン」という影響力工作の例もある。リテラシーの一つとして、自身が応援していたり関心を持っていたりする芸能人の発言などであっても、そこに政治や外交が絡み、特定の立場を攻撃したり分断を広げるような内容であれば、拡散を保留し真偽を確かめるような姿勢が必要だろう。

5．選挙の投票機器をめぐる選挙不正陰謀論

デイブ・ウィリアムズ党首をはじめとするコロラド州共和党（共和党のコロラド州支部）の指導者たちは、同州のデンバーに本社を置く投票機器メーカーであるドミニオン・ボーティング・システムズ社が、その投票機器を利用して選挙不正を行っていると主張している。彼らは、この機器によって票が操作され、2020年の大統領選挙でトランプから多くの票が盗まれたと考えている。そのため、今回の大統領選挙でも同様の選挙不正が発生するので

はないか、他の会社の機器を導入すべき、といった主張が見られる。しかし、同社の投票集計機に不正があったと報道したFOXニュースは、これが誤報であるとの司法の判断を受け7億8750万ドル（約1170億円）もの和解金をドミニオン社に支払っており、このような陰謀論を否定する結果となっている。

こうした投票機器に対する陰謀論は典型的で、日本でも同様の陰謀論が拡散している。日本では、株式会社ムサシという選挙システム機材を取り扱う大手企業に対し、「ムサシの機器で票の操作が行われている」「ムサシの大株主は安倍元首相で自民党に有利な選挙結果になるよう操作している」といった陰謀論がSNS上で見られる。

6. 2020年の大統領選挙における選挙不正陰謀論

いくつかの世論調査によれば、共和党員の10人に6人前後が、3年以上が経った今でも、証拠がまったくないにもかかわらず、2020年の選挙がトランプから「盗まれた」と信じ続けている。前述のウィリアムズ党首などが、この主張の代表的な支持者の一人である。また、トランプ支持者によるアメリカ議事堂襲撃が起きた2021年1月6日直後のサフォーク大学の世論調査では、トランプ支持者の58％が、議事堂の暴動は「ほとんどがアンティファに扇動された攻撃で、トランプ支持者はほんの数人しか関与していない」と答えているなど、議事堂襲撃について責任転嫁する傾向が見られる。

トランプ自身も、SNS「トゥルース・ソーシャル」（議事堂襲撃に関連して当時のツイッターやフェイスブックを追放されたトランプが、自身の発信の場の確保のために立ち上げたSNS）において、「ナンシー・ペロシとその関係者に、1月6日の警備の失敗の責任があり、議事堂への攻撃はFBIをはじめとするディープ・ステートの他のメンバーによって組織されたもので、議事堂を攻撃した個人は実際には平和的な抗議者であり、現在は党派的な司法制度によって犠牲になっている」といったナラティブを繰り返し拡散している。2023年から2024年6月にかけて、このような陰謀論を175回、投稿・リポストしていたという記録もある。

しかし、この議事堂襲撃に関して設置された特別委員会が広範な調査を行い、公聴会を開き、報告書において暴動の事実を詳らかにしている。その結果として、司法はトランプと他の襲撃に関与する人物への刑事訴追に至った。さらに民事訴訟においても、市民団体による憲法修正第14条訴訟や、イリノイ州やメイン州などの他の州における訴訟は、この議事堂襲撃がトランプによって扇動された暴動であったと認定した。この陰謀論は、2020年の大統領選挙直後からトランプ支持者やQアノン信奉者を中心に勢いを増し、ついにはトランプの扇動とこれらの信奉者の一部の過激派集団の呼応により、議事堂襲撃という体制破壊的行動にまで至ってしまったのである。

左派にも拡がるトランプ勝利後の陰謀論

結果的に、2024年大統領選挙はトランプの勝利となった。これらの陰謀論が選挙結果にどれほどの影響を与えたのかについては、現時点では判断は難しい。しかし、トランプの勝利により、同氏を中心に拡散されるディープ・ステート陰謀論はある種の「お墨つき」を得てしまったようなきらいがある。その結果、陰謀論が拡散、浸透し、過激化する流れの中で、さらなる陰謀論が生まれるという悪循環が発生している。

そして、この大統領選挙で敗北を喫した左派側においても、選挙不正の陰謀論が広まってしまう結果となった。AFP通信のファクトチェッカーが報じたところによると、トランプの熱烈な支持者であるイーロン・マスクが、自身が保有する衛星インターネット企業「スペースX」の衛星通信システム「スターリンク」を使って票数を操作し、選挙を不正に操作した、という根拠のない説を左派系のSNSユーザーが流布していることを確認した。さらに、セキュリティー企業サイブラのダン・ブラミー最高経営責任者（CEO）は、「選挙日の翌日から数日間、左派による不正選挙の主張が増加している。最初はボット（自動投稿プログラム）のネットワークで拡散され、その後インフルエンサーによってさらなる拡散が行われたことを確認した」と述べている。同様に、偽・誤情報を監視する「ニュースガード」によると、選挙からわずか数時間後、Xには「不正」「詐欺」「盗まれた」という言葉とともに「カマラは譲歩するな」というハッシュタグが3万件以上投稿された。ハリス支持派のインフルエンサーの中には、数百万ビューを集めた投稿で、彼女に「再集計を要求する」よう促した者もいた。

こうしたいくつかの調査から、選挙が「盗まれた」という陰謀論を広めるディスインフォメーションのキャンペーンがX上で行われていたことが判明している。右派主流の選挙不正陰謀論が左派に移行したことを、アメリカの研究者らは「ディスインフォメーションのバトン」と呼んでいる。陰謀論の武器化はもはや特定の政治イデオロギーに属するものではなく、世論や国家の意思決定に影響を与えるためにあらゆる立場で行われているのだ。そして、イデオロギーによらず、陰謀論が広まりやすい脆弱性をどの社会も共有しているのである。

また、勝者であるトランプが狭義の意味でのディープ・ステート、すなわち彼と敵対する官僚機構と戦うのであれば、それは選挙による選択として当然に受け入れるべきだろう。この選挙に関する分析を概観すると、トランプの主な勝因は、経済、人種（移民）、ジェンダーの3つが主因とされている。アメリカの富を独り占めし、移民を呼び寄せ、女性やLG

BTなどといったマイノリティを過度に持ち上げることで社会の混乱をもたらすディープ・ステート、という設定は、有権者にとっては非常に分かりやすい「敵」の説明としても機能した。しかし、その陰謀論言説を用いて、中露の情報戦に与することがあれば、それには自由民主主義諸国は異を唱えるべきだ。実際に、この大統領選挙については、選挙期間の前から中露の影響力工作の存在が各種レポートで指摘されてきた。投票日前日には、アメリカ国家情報官室（ODNI）、FBI、サイバーセキュリティ・インフラセキュリティ庁（CISA）が特にロシアの影響力工作について警鐘を鳴らす共同声明を発表する事態に至っている。

我々の自由民主主義を守るため、トランプ当選以後の国際情勢を注視し、改めて情報戦に備える段階を迎えている。

2　2020年アメリカ大統領選挙をめぐる陰謀論

本節では、現在まで大きな影響を及ぼしている、2020年アメリカ大統領選挙とその後の議事堂襲撃事件をめぐる陰謀論について整理する。

2021年1月6日、アメリカ議会は、近代史において類を見ない規模の攻撃を受けた。この日、落選したトランプを支持する群衆が議事堂に暴力的に侵入し、2020年の大統領選挙の結果を覆そうと目論んだ。この攻撃は、アメリカ民主主義の中枢を標的にしたものであり、その影響は国内外にまで広がった。この事件はアメリカの民主主義に対する深刻な脅威であるとともに、同様の社会的・政治的要因を包含するすべての民主主義国家に対しても、将来の脅威を目の当たりにさせるものであった。

アメリカ連邦議会議事堂襲撃事件特別委員会の報告書は、この暴動が偶発的な出来事ではなく、計画的に行われた政治的な攻撃であったことを示唆しており、特にトランプの言動が暴動の引き金となったと結論づけている。つまり、この選挙不正を主張する陰謀論は市民の不安感を淵源として自然発生的に広がったものではなく、ある意味で人為的に生成されたものである。そしてこの陰謀論による扇動は、議事堂襲撃という体制破壊的な烈度の高い行動に帰結し、民主主義に対して大きな脅威をもたらした。

現代まで影響を及ぼすこの陰謀論が生まれたのはなぜか、そしてなぜ民主主義に対し脅威となるのか、といった点を明らかにするために、まずは事件の概略を追う。

事件の背景にある選挙不正の主張と扇動

2020年のアメリカ大統領選挙は、新型コロナウイルス感染症のパンデミックという未曾有の状況下で実施された。この異常事態に対応するため、多くの州では従来の投票方法に加えて、郵便投票や期日前投票が急速に導入された。このような新たな投票手段の普及は、トランプとその支持者たちに対して選挙の正当性に対する疑念を抱かせる一因となった。トランプは選挙戦の初期段階から、郵便投票が「不正の温床」になると繰り返し主張し、選挙制度全体への信頼を損なう発言を浸透させてきた。

選挙の結果が徐々に明らかになる中で、トランプは自らの敗北を認めることなく、選挙が

「盗まれた」との主張を強調し始めた。この主張は、SNSや保守系メディアを通じて広まり、特にトランプ支持者たちの間で広く信じられるようになった。トランプは自らの主張を正当化するため、選挙管理当局や州政府に対して圧力をかけ、選挙結果の認証を遅らせたり、無効にするよう求めたりするなど、様々な手段を講じた。例えば、トランプは、ジョージア州の共和党州務長官に対し、同州の大統領選挙でバイデンの勝利を覆すのに十分な票を見つけるよう圧力をかけ、当局者が票数を変更しなければ犯罪行為になると脅迫に近い姿勢で迫った。また、彼は一部の共和党議員や側近と共に、「プランB」と呼ばれる戦略を策定し、1月6日に行われる議会の手続きを妨害することで選挙結果を覆そうと試みた。

このような選挙不正の主張はアメリカ社会に深刻な分断をもたらし、政治的な緊張を極度に高めた。特にトランプ支持者の中には、選挙が不正に行われたという認識が深く浸透し、これが1月6日の暴動の直接的な引き金となったとされる。右翼過激派グループであるプラウド・ボーイズやオース・キーパーズなどは、トランプのメッセージを利用し、選挙結果を覆すために暴力を用いる計画を立てた。報告書では、トランプの行動は単なる不満の表明にとどまらず、実際に選挙結果を変更するため、このような組織を活用しようと働きかけを行っていたことが明らかにされている。

「プランB」は、選挙人団の認証を阻止するために、1月6日に行われる議会の手続きを妨害することを目的としていた。この計画は、トランプ支持者の中でも特に過激なグループに対して強い影響を与え、暴力的な行動を引き起こす結果となった。このような計画が進行する中で、トランプは選挙不正の主張を繰り返し、支持者たちを煽り続けた。これにより、トランプ支持者たちは「選挙不正を企てる体制側と戦うべきだ」という認識を強め、議会襲撃を正当化するようになっていったと考えられている。２０２０年12月に行われた一連の集会では、トランプ自身が積極的に参加し、「戦うべきだ」とのメッセージを強調した。これにより、支持者たちは好戦的な考えを強め、支持者たちの中で暴力的な行動に出ることが正当化されていった。

このようにして、トランプ支持者たちは、1月6日に議会を襲撃するという計画を練り、実行に移した。プラウド・ボーイズやオース・キーパーズといった過激派グループは、トランプの呼びかけに応じて動員され、議会に対する攻撃を計画的に実行した。これらの団体は、暴力をもって選挙結果を覆すことを目指し、そのために具体的な行動計画を立て、実際に武装して議事堂に突入したのである。

1月6日議会襲撃の動静

1月6日午後1時に、昨年のアメリカ大統領選挙の投票の結果を集計し認定するために、上下両院合同会議が開会した。一方、ホワイトハウスに隣接したエリプス広場では大規模な集会「Save America（アメリカを救え）」が開催され、トランプ自身も演説を行った。トランプは「選挙の勝利は極左の民主党によって盗まれ、さらにフェイクニュースのメディアによっても盗まれた」との主張を繰り返し、「我々は戦う。ともかく死ぬ気で戦う。もし死ぬ気で戦わなければもはや国を失ってしまう」と支持者たちに強く訴えかけた。演説の最後には「（エリプス広場から議事堂に通じる）ペンシルベニア大通りを歩いて行こう、私はペンシルベニア大通りが大好きだ、そして議事堂へ行こう」と支持者に呼びかけた。この演説を受けて数千人のトランプ支持者たちは議事堂へと向かい、警備を突破して内部に侵入するという暴挙に出た。

暴徒たちは、警察のバリケードを突破し、窓やドアを破壊して議事堂内部へと突入した。一部の暴徒は武器を持ち込み、議事堂内で暴力的な行動を繰り広げた。この結果、5人が死亡し、140人以上の警察官が負傷するという深刻な事態となった。議事堂に侵入した暴徒たちは、議員たちを標的とし、議会の手続きを妨害するために、議事堂内で破壊行為に及び、さらには議員たちを拘束しようと試みた。これにより、議会は一時的に機能を停止し、議員たちは議事堂の地下通路を通じて避難することを余儀なくされた。警察と国防総省は対応を迫られたが、州兵の派遣は遅れ、これが暴徒たちにさらなる時間を与え、議事堂内部での破壊行為が拡大する結果となった。暴動後の調査では、一部の暴徒が議事堂内に侵入する際、警察内部から情報を得ていた可能性が示唆されており、これが暴徒たちの計画的な行動を助長したとされている。

この暴動を受けて、次期大統領の立場にあったバイデンは1月6日午後4時過ぎ、「この国の民主主義が前例のない攻撃を受けている」と演説した。「議事堂への攻撃は抗議ではない、反逆だ」と非難するとともに、トランプに対して、「直ちにテレビの全国放送に出て、憲法を守るという自分の誓いを果たし、この占拠を終わらせるよう強く要求してもらいたい」と呼びかけた。

トランプは同じく午後4時すぎ、ホワイトハウスで録画した演説動画をツイッターに投稿した。トランプはその中で、自分が圧勝した、しかし自分が勝った選挙を「盗まれた」ことを改めて主張しつつも、自分の支持者には「選挙は奪われたが、もう家に帰ってくれ。平和が求められている。法と秩序が必要だ」「君たちが大好きだ、君たちはとても特別だ」「しかしもう帰ってほしい」と呼びかけた。その後、暴徒は議事堂侵入後にドアにバリケードを築き、抵抗を続けようとしたが、やがて鎮圧、排除された。同日午後6時までに、警備当局は議事堂の安全を確保したと発表している。

トランプの扇動と役割

トランプの行動は、この暴動を引き起こした中心的な要因であり、報告書はこれを厳しく非難している。選挙後、トランプは選挙の不正を主張し続け、支持者たちに対して「戦う」よう呼びかけた。その結果、彼の支持者たちは選挙結果を覆すために暴力的な行動に出ることを正当化できてしまった。

報告書には、トランプが暴動中に行った発言やツイートが詳細に記録されており、これが暴徒たちの行動をさらにエスカレートさせたとされている。例えば、暴徒が議会に突入した後、トランプが「我々の偉大な愛国者たちが不正な選挙結果を阻止しようとしている」というツイートを行ったことで、暴徒たちにさらなる攻撃を続ける動機を与えたと指摘されている。さらに、トランプは暴動の進行中に必要な措置を取らず、暴動を鎮圧するための呼びかけを行うのを遅らせたことも批判されている。トランプは、暴動が進行しているにもかかわらず、即座に暴力を止めるための声明を発表することを避け、暴動の終息を呼びかける声明を出すのに数時間を要した。これにより、暴徒たちの行動がエスカレートし、さらなる混乱を引き起こしたとされている。

このようなトランプの扇動を伴う行動は、アメリカの民主主義に対する信頼を大きく毀損した。彼の行動は、選挙制度そのものへの疑念を広め、国民の分断を深めた。

暴動に寄与した関連人物と団体

トランプ以外にも、この暴動に深く関与した人物や団体が多数存在する。報告書では、前述の通り右翼過激派グループであるプラウド・ボーイズやオース・キーパーズが、議事堂襲撃の計画と実行において重要な役割を果たしたことが強調されている。これらの団体は、1月6日の数週間前から計画的に動員を開始しており、彼らのリーダーたちは直接暴力を計画・指揮していた。例えば、プラウド・ボーイズのリーダーであるエンリケ・タリオは、1月6日に先立つ数日間に、暴力的な行動を促す発言を繰り返し行い、暴徒たちを扇動した。また、オース・キーパーズの創設者であるスチュワート・ローズは、軍事的な訓練を受けたメンバーたちを動員し、議事堂への組織的な襲撃を指揮したことが明らかにされている。

また、トランプの側近や一部の共和党議員も、この暴動に深く関与していたことが報告されている。具体的には、元ニューヨーク市長でトランプの個人弁護士を務めていたルディ・ジュリアーニは、選挙不正の主張を繰り返し、トランプ支持者たちを扇動する役割を果たした。

トランプの法律顧問であったジョン・イーストマンも、議事堂襲撃前に選挙結果を覆すための法的手続きを練り、暴動に至る流れを支援した。彼は、選挙人団の投票を無効にするための理論を展開し、トランプ支持者に対して行動を促した。

さらに、共和党の上院議員であったテッド・クルーズやジョシュ・ホーリーも、選挙結果に異議を唱えるための行動を取り、暴徒たちの行動を間接的に正当化する発言を行ったことが問題視されている。彼らは、選挙不正が行われたという主張を裏づける証拠がないにもかかわらず選挙結果に異議を唱え、それはトランプ支持者たちに行動を促す結果となった。

法制度上の再発防止策の検討

このような事件の再発を防ぐため、アメリカではさまざまな法的および制度的な改革が検討されている。報告書では、選挙の透明性を高めるための選挙法改正が挙げられており、選挙プロセスのデジタル化と透明性、セキュリティの強化が求められている。また、ＳＮＳやメディアにおける虚偽情報の拡散を防ぐための規制強化も提案されている。特に、ＳＮＳを運営するプラットフォーム企業に対して、虚偽情報の拡散を防止する責任を負わせるべきであるとされている。

さらに、政府高官が選挙結果に不正な圧力をかけることを防ぐための監視体制の強化が必要である。これには、選挙管理委員会の独立性を確保し、政治的な圧力から保護するための制度改革が含まれている。また、危機対応能力を向上させるために、政府機関間の連携を強化し、迅速かつ効果的な対応を可能にするための法的枠組みの整備が求められている。報告書では、これらの改革が行われなければ、再び同様の危機が発生する可能性が高いと警告されている。

さらにこの事件によって、選挙プロセスにおけるサイバーセキュリティの重要性も確認された。特に、サイバー攻撃による選挙結果の改竄や情報漏洩を防ぐための技術的な対策が急務であるとされている。これには、選挙システム全体の見直しと、最新のセキュリティ技術の導入が含まれており、各州政府と連邦政府が協力して実施するべきである。

そして、国民のリテラシーを高めるため、教育と公共の議論を通じて民主主義の価値を再確認することも重要である。特に、ディスインフォメーションや陰謀論に対する教育が必要であり、国民一人ひとりが情報を批判的に評価する能力を身につけることが求められている。このような教育の強化は、今後の選挙における不正防止と、民主主義の健全な運営に不可欠である。

3 外国からの影響力工作に利用される陰謀論

2020年のアメリカ大統領選挙後、トランプとその支持者たちは、選挙における敗北を外国の干渉の結果だと非難しようと試みた。特に彼らは、外国製の投票機が操作され、トランプへの票がバイデン票に改竄されたと主張した。しかし、これらの主張を裏づける証拠は当時も、その後も示されていない。実際には、アメリカのインテリジェンス・コミュニティは、選挙技術に対する直接的な干渉は確認できなかったものの、外国勢力が選挙期間中およびその後に、アメリカ社会の分断を深め混乱を招いたりすることで、場合によってはむしろトランプを有利にする目的で、アメリカの政治的状況に影響を与えようとした試み、つまり「影響力工作」があったことを明らかにしている。

選挙に対する干渉という概念は、選挙インフラや投票プロセス自体に対する技術的な攻撃を指し、例えばトランプが主張するような投票機の操作や集計の不正を含む。一方、影響力工作は、外国政府やその代理人がSNSやウェブメディアなどを通じて、アメリカ国内の政治的意見に影響を与え意思決定を操作しようとしたり、選挙プロセスへの信頼を損なわせようとしたりする行動を指す。

実際に、2020年大統領選挙の後の調査では、ロシア、中国、イランといった国家により、アメリカ国内の政治的分断を助長し、選挙結果に対する信頼を低下させようとする影響力工作が見られたと報告されている。

2020年の大統領選挙では、ロシアがバイデンを貶め、トランプを支持させるために影響力工作を行ったことが明らかになった。選挙期間中、ロシアはバイデンに関する虚偽の情報を拡散し、トランプの「選挙不正の主張」を強化する形で、選挙結果に対する疑念をあらかじめ広めた。ロシアの影響力工作の実行組織である「インターネット・リサーチ・エージェンシー（IRA）」（ロシアの民間軍事会社「ワグネル」の創設者、エフゲニー・プリゴジンが創設）は、主にボットアカウントを通じてSNSでのキャンペーンを展開し、トランプ支持者とバイデン支持者の間の対立を煽るコンテンツを生成し続けた。さらに選挙後も、ロシアはアメリカ社会に混乱を引き起こすために、バイデン政権の正当性を攻撃するメッセージを拡散し続けた。特に、「選挙が盗まれた」というトランプの主張を繰り返し、トランプ支持者たちが議事堂襲撃を行う動機の一部を形成する要因となったと考えられる。

ロシア以外にも、中国とイランが2020年の大統領選挙に関与したが、それぞれの目的や手法は異なっていた。中国は、選挙に直接干渉するのではなく、アメリカの国際的な地位を弱体化させるため、国内の分断を広げようとした。中国の影響力工作の焦点は、新型コロナウイルスに関連するディスインフォメーションや陰謀論を流布することで、アメリカ国内の混乱を助長し、政権に対する不信感を煽ることにあった。

イランもアメリカ国内の政治的不安を助長するために活動を展開したが、中露とは異なり、特にトランプ政権に対する否定的なメッセージを強調した。イランの活動は、トランプ支持者と反トランプ派の対立を煽り、国内の政治的対立をさらに悪化させた。これにより、イランはアメリカの国内問題を利用して、その国際的な影響力を低下させようと試みた。

影響力工作におけるQアノンの利用

このような影響力工作活動において、ロシアや中国はQアノンによる陰謀論をアメリカ分断のための道具として活用していることが、アメリカのシンクタンク「ソウファン・センター」の調査で明らかになっている。この調査では、2020年1月から2021年2月までに投稿された16万6820件のQアノン関連のフェイスブックへの投稿を分析しているが、そのうち約19％が中国やロシアなどの外国のアカウントによって発信されたものであった。

そもそもQアノンとは、匿名の人物「Q」が発信するメッセージを基調とした陰謀論である。その核心は、前述した「ディープ・ステート」陰謀論の世界観である。ディープ・ステート陰謀論にもいくつかの派生があるが、Qアノンにおいては、ディープ・ステートのエリート集団が、児童の性的虐待や人身売買を行い、さらにはアメリカを裏で操るような行動を取っているというものである。このエリート集団には、国際的なビジネスマンや政治家が含まれ、特にジョージ・ソロスやロスチャイルド家といったユダヤ系資本家が悪の象徴として描かれている。このような主張には、長い歴史を持つ反ユダヤ主義や「新世界秩序」に関する陰謀論が根底にある。

「Q」と名乗る人物は、自身をアメリカの軍事情報機関の内部者であるかのように振る舞い、信者に対して「Qドロップ」と呼ばれる暗号的なメッセージを送る。このメッセージは、信者たちによって解読され、政治的出来事を予言しているかのように扱われている。信者たちは、これらのメッセージに基づき、トランプをディープ・ステートと戦う英雄として崇拝している。

2020年の大統領選挙でトランプが敗北した際、Qアノンの信者たちは混乱した。多くの信者は、選挙結果が不正操作によるものであると信じ、バイデンが違法に大統領職を奪ったと考えた。この信念は議事堂襲撃事件で頂点に達し、この事件に関与した少なくとも27名がQアノンの支持者であり、その中には暴力行為に加担した者もいる。また、議事堂襲撃事件以前にも、Qアノンに影響を受けた34名が暴力を伴う事件を起こしている。Qアノンは、他の過激派運動と同様に、人々の不安や恐怖心を利用して信者を増やし、暴力的な行動を引き起こす危険性が高いと調査では指摘されている。

Qアノンは、社会的な不安や危機に便乗して支持者を増やしてきた。特に、新型コロナウイルス感染症によるパンデミックが拡大した2020年には、パンデミックがディープ・ステートによって意図的に引き起こされたとする陰謀論が広まり、多くの支持を集めた。Qアノンはまた、児童性的虐待に関するディスインフォメーションを拡散し、「子供たちを守る」という使命感を持つ人々を引き寄せた。

Qアノンの信者たちが形成しているオンライン上のコミュニティは、同じ考えを持つ者同士が集まり、意見が反響し増幅される閉鎖的なエコーチェンバー（反響室）と化している。ここでは、ディスインフォメーションが共有され、信者たちはますます過激化していく。SNSのアルゴリズムが過激なコンテンツを信者に推奨することで、自身の望むような意見・価値観の情報ばかりが集まってしまうフィルターバブルが形成され、陰謀論の拡散と閉じた集団での過激化が加速している。これはアメリカ国内だけではなく、世界的に見られる陰謀論集団に共通の傾向である。

Qアノンは、アメリカ国内の極右過激派や白人至上主義団体とも結びついており、特に反ユダヤ主義がQアノンの思想と共鳴している。このため、Qアノンは他の過激派運動と同様に、暴力を正当化し、さらなる社会不安を引き起こす可能性を有している。Qアノンの運動は、アルカイダやイスラム国（ＩＳ）を生み出す土壌となった「サラフィ・ジハード主義」などの他の過激派運動と同じように、人々を過激化させ、暴力を正当化するプロセスを持っている。このため、Qアノンはもはや単なる陰謀論集団ではなく、国家安全保障に対する重大な脅威と考えられているのである。

中露や過激派とつながっていくQアノン

そして、今やこのQアノン陰謀論が中露の情報戦戦略に利用されている。情報戦のうち、相手の国家の分断を深め意思決定を害するような影響力工作手法の一つとして、ＳＮＳを通じたディスインフォメーションの拡散がある。特に、新型コロナウイルス感染症に関する陰謀論や２０２０年の大統領選挙における不正投票の主張が中露によって強化され、アメリカ社会の分断をさらに深めている。例えば、２０２０年3月、6月、11月には、新型コロナウイルス感染症のパンデミックの進行や選挙の時期と関連して、Qアノン関連の投稿が急増しており、これらの時期において外国勢力の影響が強く働いたことが示唆されている。

さらに、Qアノン信奉者たちは、他の過激派組織や外国勢力と接触しやすくなっており、これがさらに過激化を促進している。例えば、テレグラムなどの暗号化された通信アプリを利用して、白人至上主義団体がQアノン信者を勧誘しようとする動きが活発化していることが確認されている。これはアメリカ国内にとどまらず、他国でも過激派団体との歩み寄りが見られ、さらにそこに当該国への干渉を狙うロシアの工作との融合も見られるなど、事態は複雑化している。

陰謀論は、単発のディスインフォメーションとは異なり、独自の世界観や物語を有して社会不安を説明するがゆえに、混乱した時代や不安定な情勢においては、不安を抱く人々に対して非常に強い魅力を有してしまう。この陰謀論の力が外国勢力に武器化されてしまう現在の情勢は、非常に憂慮すべき事態である。陰謀論が一つの国において議事堂襲撃という体制破壊的な行動に至ったこと、他国でも同様の可能性があること、こうした陰謀論が外国の影響力工作に利用されていること、これらの事実に正面から向き合い、陰謀論がもたらす脅威を安全保障上の課題と認識することが、現代の情報戦では重要な出発地点となるのである。

1　ひろゆき「子どもの人口、42年連続減。国連の推計などによると、人口に占める子どもの割合は人口4000万人以上の36カ国の中で日本が最低。例の組織による日本人消滅作戦が順調に進んでいる様子。日本人を減らして、外国人移民を代わりに入れ始める作戦が始まる頃かな？· https://t.co/04AQpwYLUg」2023年5月8日、3時12分、https://x.com/hirox246/status/1655274386369425408

第2章

認知領域の戦いにおける陰謀論の脅威

長迫智子

1　陰謀論に翻弄される世界

陰謀論が国家による影響力工作に戦略的に利用されるようになり、陰謀論が関係する選挙干渉や体制破壊的活動が各国で見られるようになってきた。本章では、このような各国の事例を取り上げるとともに、陰謀論が影響力工作に利用されるとはどういうことなのかについて、また国家によって利用される陰謀論が「認知戦」という新たな戦闘様相の一翼を担っている現状を整理する。

「5G」「マイクロチップ」「殺人計画」……新型コロナをめぐる陰謀論

2020年初頭から始まった新型コロナウイルス感染症によるパンデミックは、これが未知の感染症ということもあって、公衆衛生の問題だけでなく大きな情報騒乱をも巻き起こすこととなった。このパンデミックによる情報騒乱を、世界保健機関（ＷＨＯ）はインフォメーションとパンデミックを組み合わせた造語であるインフォデミックという言葉で表現するほどであった。このような混沌とした情報空間において、多くの陰謀論も拡散された。２０２０年の約11カ月間、グーグル、グーグル・ファクトチェック、フェイスブック、ユーチューブ、ツイッター（現X）、ファクトチェック機関のウェブサイト、テレビや新聞のウェブサイトなど、幅広い情報プラットフォームやメディアを調査した先行研究においては、新型コロナウイルス感染症やワクチンに関連する６３７件の噂と陰謀論が52カ国24言語で確認されている。そのうち、全体の91％（５７８／６３７）が噂、９％（59／６３７）が陰謀論に分類された。拡散された主要な陰謀論は、次のような内容である。

- COVID-19（新型コロナウイルス感染症）は「Certificate of Vaccination Identification by Artificial Intelligence（人工知能によるワクチン接種証明書）（Artificial Intelligence の略称であるＡＩという単語は、それぞれアルファベットの1番目と9番目でありＡＩ＝19となる）」の略称であり、人為的なウイルスである。
- 新型コロナウイルスワクチンを接種すると、マイクロチップが人体に埋め込まれ、５Ｇネットワークと接続される。これにより、世界のエリート層がチップにさまざまな信号を送り、人類を支配する。

・新型コロナウイルス感染症は、ワクチンを接種させる口実であり、このワクチンの本当の目的は市民を管理するためのデジタルIDに同期させることである。

・発展途上国でのワクチン接種キャンペーンの支援者であるビル・ゲイツは、新型コロナウイルスワクチンを利用して人口を管理統制する計画を実行している。

・イギリス放送協会（BBC）は、ビル・ゲイツが資金提供する将来のワクチンにはマイクロチップが組み込まれ、誰が新型コロナウイルスのワクチンを接種したかを追跡できるようになるだろうという詳細な記事を掲載した。

・新型コロナウイルス感染症は、汚染されたワクチンによって多数の人間を殺すための殺人計画である。

このような新型コロナウイルス感染症に関する陰謀論が拡散されてしまうような状況は、第1章で詳述したQアノンのディープ・ステート陰謀論に勢いを与えることになった。Qアノンの信奉者の間では、右記のような陰謀論に加えて、ウイルスのアメリカ関連生物研究所起源論やワクチン懐疑論、反マスク運動などが展開された。アメリカのシンクタンク「ソウファン・センター」の報告書をはじめとして、新型コロナウイルスによるパンデミックがQ

アノン拡大の契機となったことを指摘している調査研究は多い。さらにはこのような情報騒乱環境で、陰謀論を含めたディスインフォメーションによる影響力工作も勢いを増した。

中露の武器と化すQアノン陰謀論

同報告書では、中国およびロシアがどのようにQアノンの陰謀論を利用して他国に干渉し分断を煽ってきたかが報告されている。この報告書によれば、2020年には、フェイスブックにおけるQアノンカテゴリにおける、外国からの影響力工作に関与していると判定された約19%のアカウントの内訳は、44%がロシアから、42%が中国から、13%がイランから、1%がサウジアラビアからだった。2020年前半にはロシアのアカウント群がQアノンのナラティブ（物語）を利用して外国への影響力を発揮していたが、中国はその後、ディスインフォメーションや陰謀論を用いたキャンペーンを急速に拡大し始めている。このタイミングは、新型コロナウイルス感染症の拡散やウイグルの人権問題、アメリカの大統領選挙など、多くの課題に起因する米中間の政治的緊張の高まりと一致していると指摘されている。そして、2021年に入ってからは、同カテゴリの投稿の58%が中国のアカウントからのものとなり、ロシアからの投稿が22%であることに比して2倍以上の割合であった。

Qアノンのナラティブを拡散することに中国が注力したのは、陰謀論を含めたディスインフォメーション戦略の拡大が要因である。中国のディスインフォメーション作戦能力は2019年以降成熟しており、この作戦への依存度が2020年に飛躍的に高まったことが報告されている。これは主に、パンデミックの影響による北京とワシントンの攻防に起因する。そして、2020年における中国のディスインフォメーション活動の分析から、これまではどちらかというと中国の権威を増幅させるようなプロパガンダが主流であった中国が、ロシアのアプローチを模倣するようになったことが分かっている。すなわち、社会の分断や不安を煽り、自国に有利な情報操作だけでなく対立的な情報操作を行う手法に中国も移行し始めたということである。

極めつけには、2021年7月に中露でメディア報道に関する二国間協定が締結された。この協定では、メディア報道とそれらが包含するナラティブに関する協力が両国政府にとって大きな目標であることを謳っている。この取り組みは、ロシアのデジタル発展・通信・マスコミ省と中国の国家ラジオテレビ総局が主導したもので、協定で双方は「情報交換の分野でさらに協力し、世界の最も重要な出来事について客観的、包括的、正確な報道を推進する」ことを約束した。また、両国がディスインフォメーションの発信に利用してきたオンライン・ソーシャルメディアでの協力計画も打ち出され、「統合、新技術の応用、業界規制などの問題における互恵的協力」を強化することも約束されている。端的に言えば、この協定で中露はお互いのディスインフォメーションや戦略的なナラティブを拡散し合い、増幅して利用するような協力関係を築いたのだ。

この成果の一つは、ウクライナ戦争開戦後の「バイオラボ陰謀論」の復活である。ロシアがウクライナに侵攻した直後、ロシア国防省の報道官は、ウクライナの生物兵器プログラムへアメリカが資金提供を行ったとして、非難を再開した。そして数日のうちに、中国政府関係者とメディアはこの嘘を拾い上げ、喧伝し拡散した。中国共産党傘下のタブロイド紙である環球時報は、ロシアの国営通信社スプートニクを一部引用したものと、ロシアのウラジーミル・プーチン大統領の言葉を引用した派手な見開き記事を掲載し、「ウクライナで発見されたバイオラボにアメリカは何を隠しているのか？」といったセンセーショナルな言葉でアメリカやウクライナへの懐疑を煽った。実際のところ、2021年から中国当局や同国メディアは、新型コロナウイルスのパンデミックは中国国外の研究所で起きた事故が発端ではないかという説を流していた。そして、この説を補強する完璧な陰謀論がロシアから出てきた、という構図となったのである。

開戦後、スプートニクや同じく国営メディアのRT（旧ロシア・トゥデイ）などのロシアメディアのSNSアカウントは、ヨーロッパ地域では相次いで凍結されたが、この協定を利用すれば、彼らのナラティブは中国メディアやSNS上の親中アカウントを通じて容易に拡散されてしまう。日本のように、そもそもロシア系メディアを制限していない国に至っては、その効果はロシア由来と中国由来の掛け合わせで倍以上の拡散効果となるだろう。安全保障上の懸念国が、情報戦においてもこのような協力関係にある現実を見据え、我が国でも着実な対策を練る必要がある。

クーデター計画で逮捕されたドイツの陰謀論集団

2022年12月7日、ドイツ連邦検察庁は、テロ組織のメンバー22人と支援者3人の容疑者を逮捕した。この組織は複合的なグループから構成されており、主に第一次世界大戦で崩壊した旧ドイツ帝国の再建を目指す極右組織ライヒスビュルガー（ドイツ語で帝国臣民を意味する）や反コロナ政策運動グループのクエルデンカー（ドイツ語で、型にはまらない考え方をし、それによって社会を怒らせる危険を冒す人を意味する）といった陰謀論思想を基調とする団体のメンバーが所属していた。

ドイツでディスインフォメーションや陰謀論、極右思想などのモニタリングを行う非営利団体「監視・分析・戦略センター(CeMAS)」の分析によると、ライヒスビュルガーの活動においては、Qアノンの陰謀論と、ドイツ固有の陰謀論の水脈であるネオナチのナラティブやニューエイジ思想などの多様な思想的要素が確認されている。そして、クエルデンカーをはじめとした、パンデミック下で拡大した様々なグループが、ライヒスビュルガーに合流した。これらのグループは以前から活動上の重なりはあったものの、パンデミックを明確な契機として集団の拡大と協力が進んだ。ドイツでQアノンが支持を集め始めたのは、パンデミックなど様々な要因による抗議活動が始まってからだとされているが、QアノンとQuerdenker（クエルデンカー）が同じ「Q」の頭文字を共有していることもあって、抗議運動に参加した人々は陰謀論思想への傾倒を強めていった。

捜査当局によれば、このグループは2021年11月からクーデターを計画しており、ドイツ国会議事堂への攻撃とドイツ連邦共和国の憲法秩序の転覆を目指していた。そして、旧ドイツ帝国を模した国家を樹立し、グループのリーダーである旧ドイツ貴族の家系のハインリヒ13世ロイス侯子率いる暫定政府を設置、極右政党「ドイツのための選択肢（ＡｆＤ）」の元議員が法務大臣に就任する計画だったという。グループには軍人や警察官も所属しており、多くの武器を所有していた。

彼らは、いわゆる「ディープ・ステート」のメンバーによって現在のドイツが支配されているという陰謀論を信じており、ドイツ連邦共和国の存在とその法制度を否定し、反ユダヤ的陰謀論、ホロコースト否定といった極右的な思想とQアノンのイデオロギーが混交したナラティブの下で活動していた。そして、ロシアを含むさまざまな国家の政府、情報機関、軍隊からなる技術的に優れた「秘密同盟」の介入でディープ・ステートによる支配からの解放が約束されていると信じて、実際にロシア政府関係者と接触していた。また、ライヒスビュルガーの思想とQアノンの陰謀論が結びつく過程で、フェイスブックでアカウント凍結となったインフルエンサーがロシアのSNSである「フコンタクテ」で活動するようになるなど、オンライン上でもロシアとの明確な接近がみられた。

ドイツでは、2022年末時点で約2万3000人がライヒスビュルガーに属していると考えられており、その数は年々増加している。今回の逮捕以前にも、2020年8月にライヒスビュルガーおよびクエルデンカーは新型コロナウイルス感染症対策のための各種制限に反対する抗議デモを行い、その際、ドイツの国会議事堂を襲撃しようとした事件を起こしている。デモはクエルデンカー主導で約3万8000人を動員し、ライヒスビュルガーの一団は警備の封鎖線を破ってベルリンの国会議事堂の入口に駆け寄った。彼らは入口付近の階段を占拠し、旧ドイツ帝国の国旗を掲げ、議事堂前では乱闘が起きたが、最終的には警察官により制圧され、アメリカ議事堂襲撃のような大事には至っていない。しかし、ライヒスビュルガーの拡大や度々の体制破壊的行動から、今回のクーデター首謀者が逮捕されたとしても、同様の流れが続くのではないかということが大きな懸念となっている。

国政政党が陰謀論者のクーデター計画に関与

クーデター計画発覚直後のドイツ議会では、右翼過激派との関係という点で、AfDが各党議員から集中砲火に遭っている。ライヒスビュルガーの事件当事者においては、現役の関係者ではなかったものの元AfD議員の関与があったこと、そして当該議員は任期中にライヒスビュルガーの共犯者を政府施設に招き入れて下見をさせていたことが問題視された。

また、事件後にAfD関係者はライヒスビュルガーの体制否定的な思想を批判しつつも、これは少数者の変わり者の運動で真の脅威ではないといった矮小化と見なせるようなコメントをしたため、大きな批判に晒された。AfDはこのような右翼の過激化の火種となっており、その脅威を矮小化するような姿勢は許されない、また今回の逮捕は氷山の一角でありAfDとの関与も引き続き疑われる、といった批判がなされた。実際に、2024年9月のザクセン州ヴァイスヴァッサー市長選挙では、ライヒスビュルガーの分派である「ドイツ王国」グループのメンバーがAfDから立候補しており、その関係性は否定できるものではない。

国政政党がこのような極右過激派と関係を有していることも問題だが、ＡｆＤは中露との協力関係も問題になっている。２０２４年４月には、ＡｆＤ党員でヨーロッパ議会議員マクシミリアン・クラーの側近が中国情報機関に機密情報を流したとして逮捕される事件があった。さらに、ＡｆＤ議員や党員が、中露からの資金援助を得て親中、親露のメッセージを拡散しており、ドイツ・ナショナリズムを標榜しながらもドイツに対する影響力工作の橋頭堡になってしまっている。例えば前述のクラー議員は、中国のチベット占領70周年を祝う動画を投稿したり、ウクライナ戦争におけるプーチン大統領の戦争正当化の主張を支持したりしていた。またドイツ誌シュピーゲルの調査によると、ＡｆＤのマニフェスト作成にロシアが関与したことも明らかになっている。陰謀論的思想に基づく極右過激派の台頭および体制破壊的行動の実行と、これらの運動に中露と関係する国政政党が関与していくことの危険は、安全保障上の脅威として認識されるべきである。また、同様の陰謀論運動と政党の関係が日本を含めた他国でも連鎖しないか、危機感をもって注視すべきであろう。

スペイン・ポルトガル語圏での陰謀論拡大

ドイツと同様の陰謀論に基づく暴動が、２０２３年１月にブラジルでも発生した。ブラジルのジャイル・ボルソナロ元大統領が僅差で敗れた2022年10月の大統領選挙について、選挙は無効だと訴えていたボルソナロ支持者たち約4000人が、首都ブラジリアの政府庁舎を襲撃した。彼らは議会、最高裁判所、政府宮殿に侵入して火を放ち、各所で破壊的行動を繰り返した。

以前よりボルソナロ支持者グループにはQアノン運動が浸透していることが確認されており、このブラジルの事案は、Qアノンによる陰謀論の信奉者が参加した2021年1月6日のアメリカ議会襲撃事件を彷彿とさせる。ボルソナロ元大統領やその息子エデュアルド・ボルソナロらは、ドナルド・トランプの首席戦略官と上級顧問やオルタナ右翼（アメリカ発祥の新たな右翼的思想運動）の代表的なメディアとされるオンラインジャーナル「ブライトバート・ニュース・ネットワーク」の会長を務めたスティーブ・バノン、トランプの元顧問で極右ソーシャルメディア・プラットフォーム「ゲッター」最高経営責任者（CEO）のジェイソン・ミラー、極右団体「プロジェクト・ヴェリタス」のメンバーであるマシュー・ティルマンドといった、オルタナ右翼の重要人物やその周辺人物と緊密な関係を築いて面会を繰り返しており、ボルソナロ元大統領はトランプのように、選挙不正の陰謀を煽る戦術を参考にしていたのではないかという指摘がある。

このような、何らかの陰謀により選挙結果が不正に操作されたと民衆を扇動する事例は他国でも見られる。2022年6月のコロンビア大統領選挙では、保守派の元大統領がその結果を疑い、同じスペイン語圏であるスペインの右翼政党「ヴォックス」がこの動きに同調して、その選挙不正言説の拡散に協力した。チリでも、2022年9月の憲法改正をめぐる国民投票において、投票不正の陰謀論がSNS上で拡散されたことが確認されている。

これらは地域こそ離れているが、それぞれが独立した動きというわけではない。いずれの事案も、Qアノンのナラティブの一類型である選挙不正の陰謀論の派生であるとの指摘があり、コロンビアおよびスペインの事例ではヴォックスがQアノン陰謀論支持を明言していることからも、Qアノンの世界観をベースにした陰謀論の影響力の大きさとその拡大が窺い知れるものである。

一つのデマから勃発したイギリスの反移民暴動

2024年7月29日、イギリスのサウスポートで3人の少女が刺殺され、同時に8人の子供と2人の大人も負傷する事件が起こった。警察は、17歳のルワンダ系イギリス人（ルワンダ出身の両親の下にイギリス国内で生まれており、移民ではない）であるアクセル・ムガンワ・ルダクバナの犯行として彼を逮捕した。

ところが同日、犯人は17歳のイスラム系の亡命希望者、アリ・アル＝シャカティなる人物だとするディスインフォメーションがインターネット上に出回った。この「ニュース」を最初に投稿したのは、オンライン・インフルエンサーで陰謀論者のバーナデット・スポフォースとされている。その数分後、アメリカの通信社を名乗るウェブサイト「Channel3 Now」がこのディスインフォメーションをニュース記事のような形で拡散させた。

イギリス紙テレグラフによると、ユーチューブチャンネル「Channel3 Now」は2012年に開設され、当初はロシアの都市イジェフスクでのカーレースに関するロシア語動画を公開していた。その後しばらくはアカウントが利用されていなかったが、2019年、パキスタンに関する英語の動画を公開し、2023年には「Channel3 Now」のウェブサイトがリトアニアのドメインで同チャンネルに登録された。このウェブサイトのIPアドレスは2人のパキスタン人に帰属している。2023年6月、「Channel3 Now」は新たなウェブサイトを立ち上げたが、このサイトは人種差別によるクリックベイト（思わせぶりな見出しや文章でクリックを誘う手法）を広めたとして非難されている。

イギリス調査報道局は、「Channel3 Now」が11年前にロシアのチャンネルとして作られたことを確認した。また、スティーブン・マクパートランド元安全保障相も、この暴動を引き起こしたソーシャルメディアのディスインフォメーションキャンペーンの背後にロシアがいる可能性を示唆している。一方で捜査当局は、抗議行動を引き起こしたディスインフォメーションへのロシアの関与を証明するには、まだ十分な証拠がないとしている。

Xでは、「Channel3 Now」による犯人の情報に関する投稿は2700万ビューを超えた。多くのメディアやブロガー、インフルエンサーにもシェアされた。例えば、イスラム教や移民に対する暴力的な抗議行動で知られる極右団体「イングランド防衛同盟」の創設者であるトミー・ロビンソンは、政府を「シリア人が罪のない子供たちを刺すのを許している」と非難した。ヘイトスピーチで有名なインフルエンサー、アンドリュー・テイトも、「不法移民が1カ月前にボートで到着した。そして彼は子供たちを刺すことにした」といった内容で、移民とこの事件を結びつけて非難した。

極右やネオナチが暴動の主力に

事件発生の翌日である7月30日、サウスポートでの追悼集会に乗じて暴動が発生した。極右勢力は地元のモスクにレンガを投げつけ、モスク周辺の建物を破壊し、警察官を襲撃し、自動車に火をつけた。この結果、50人以上の警察官が負傷している。

暴動は他の都市にも広がったが、当局は容疑者がルワンダ系のイギリス人であることを改めて発表した。彼はシリア人でもイスラム教徒でもない、と強調したが、暴動はすぐには収まらなかった。イングランドのいくつかの都市では、数百人の極右活動家が政府機関の近くや移民の住む地域に集まって外国人や警察官を脅し、石や火炎瓶を投げつけた。

各種調査によれば、ほとんどの暴徒は極右、ネオナチ、過激派グループのメンバーだったことが確認されている。前述のイングランド防衛同盟のほか、ファシスト集団「パトリオティック・オルタナティヴ」、ナチズム集団「ブリティッシュ・ムーブメント」のメンバーによって、XなどのSNS上で暴動の写真が公開された。その中で彼らは、「武装したイスラム教徒の群衆」が暴動を起こし、「罪のないイギリス人」を攻撃したという偽りのナラティブを主張していた。

極右監視センター「ホープ・ノット・ヘイト」は、反移民暴動がテレグラムとワッツアップといったSNSのグループで調整されていたことを発見した。テレグラムには「サウスポート・ウェイクアップ」というチャットルームが開設され、暴動への参加を呼びかけ、ナチスのシンボルやサウスポートにあるモスクの住所が映った動画を投稿していた。

イギリス全国警察署長会議（NPCC）によると、7月29日以来、この暴動で警察は1511人を逮捕し、また、警察と検察は960件の告発を行っている。前述した極右の動きに対抗するため、良識あるイギリス人は、「極右を止めろ　人種差別主義者に我々を分断させるな」というスローガンを掲げて抗議した。

この暴動について、「Channel3 Now」のルートにおけるロシア関与の証拠は不十分ではあるものの、これまでロシアがイギリスに行ってきた影響力工作のアプローチやそのナラティブとの類似、SNSで拡散を行ったクラスタの分析から、ロシア関与の示唆は多く確認できる。

これまで、ロシアの影響力工作は常に北大西洋条約機構（NATO）諸国の内部対立を悪化させようとしてきた。だがイギリスではそれらに加えて、ロシアはイギリス人と移民の間に存在する対立を利用し、民族的憎悪を煽ってイギリス社会を弱体化させようとしている。

ジャーナリストのイェホル・ブレリアンは、一部のイギリス人が、移民に対する政府のリベラルすぎる公共政策に不満を抱いていると指摘する。そのためロシアは対英工作において「なぜ移民が必要なのか？　彼らのホテルや避難所、モスクを破壊する必要がある」と繰り返し扇動している。

特に、RTの宣伝担当者であるウラジーミル・コルニロフは、自身のテレグラム・チャンネルを使って、「今こそイギリスの国内問題を解決すべきであり、世界のあらゆる紛争に干渉すべき時ではない」という主張を広めていた。親露派のブロガー、アナトリー・シャリーも同様の意見をブログで拡散している。彼は、「か弱い西側」は不法移民の問題を解決できず、ウクライナ支援など外国に目を向けている場合ではないと述べている。さらにロシアの影響力工作では、移民対立を加速させるような、キリスト教徒とイスラム教徒の間の「宗教的対立」をも激化させようとしている。彼らの主張の一つは、文明間の対立がすでに進行中であり、イギリス政府はそれに対して何もできない、というものだ。

暴動の思想的背景にある「グレート・リプレイスメント」陰謀論

そして、国際メディアプラットフォームの一つである「オープン・デモクラシー」によれば、これらの移民問題や宗教対立について、第1章で紹介したグレート・リプレイスメント陰謀論のナラティブが利用されている。

この理論では、北半球の白人が南半球からの移民に「取って代わられ」ており、フェミニストたちが中絶や避妊によって出生率を抑制していると根拠なく主張している。このすべては、リベラルエリート、フェミニスト、ブラック・ライブズ・マターの活動家、LGBTQ＋の人々、ユダヤ人を含む「文化的マルクス主義者」によって仕組まれている、とされている。

この「グレート・リプレイスメント」は、一般に「白人大虐殺」と呼ばれている。この

「大虐殺」を打ち負かすために、この理論の信奉者である極右勢力は、純粋なエスノステート（民族国家）を生み出す内戦を引き起こしたいと考えている。彼らはその戦いを「エックスデー（X-day）」や「ブーガルー（第二次南北戦争を指すネットスラング由来の言葉）」と呼んでいる。

Xのオーナーであるイーロン・マスクが、暴動に際して「（イギリスで）内戦は避けられない」と扇動する投稿を行ったのは、こうした思想的背景に由来すると考えられる。戦いは避けられないというよりは、極右勢力が「エックスデー」の引き金となる扇動的な事件を探し求め、戦いを引き起こそうと目論んでいるという方が実態に近いだろう、とオープン・デモクラシーの論考では批判されている。イギリスの白人男性がモスクを破壊し、「殺せ」と叫びながらアジア人男性を車から引きずり出したり、白人ギャングが南半球のさまざまな国の家族が暮らすホテルに放火したりするのは、単なる破壊衝動によるものではない。彼らが夢想している非白人の大量虐殺の最中にとるであろう行動を、予行演習しているのだと考えられる。

この「グレート・リプレイスメント」陰謀論は、子供たちが移民により危険にさらされているという不安や、親の権威が移民という外部の敵対的な「他者」によって簒奪されているという不安を掻き立てることによって、子供たちへの脅威という二次的な陰謀によって補完される構造となっている。暴動に参加した人々は、「私たちの子供たちを救え」と書かれた看板を持っていることが多い。同じスローガンは、反ワクチンデモや反ＬＧＢＴＱデモでも見られる。子供たちが危機にあるというこうした主張は、ディープ・ステートが、若返りの秘薬である「アドレノクロム」を採取するために子供たちの人身売買を行っており、悪魔の儀式で子供たちを拷問している、というＱアノンの陰謀論とも類似性がある。

こうした陰謀論の共通要素からも、サウスポートの事件で流布されたディスインフォメーションがロシアの既存の影響力工作と親和性があることが窺えるだろう。

なお、この暴動を受けてイギリスでは、２０２３年に成立したオンライン安全法を見直し、サイバー空間でのディスインフォメーションやヘイトスピーチの規制を強めようとする動きがある。この暴動にロシアの関与を指摘したマクパートランド元安全保障相も、外国からの影響力工作やディスインフォメーションの流布に対抗するためには、通常のサイバー攻撃も含めた一体的なサイバーレジリエンス（抗堪性）の向上が必要であると述べている。日本では、サイバー安全保障と情報戦・認知戦対策が現段階では分散しつつある傾向にあるが、情報戦・認知戦の対抗のために、アメリカやイギリスの総合的なサイバー安全保障政策を参考にできる部分もあるだろう。

日本における陰謀論の拡大と「神真都Q」の出現

陰謀論言説の拡散や陰謀論者の増加は、遠い外国の問題ではない。この数年、新型コロナウイルスによるパンデミックやウクライナ戦争を背景に、日本でも陰謀論が影響力を強めているのである。

日本では、Qアノンの影響を受けたQAJF（Q Army Japan Flynn）という団体が2019年から活動していたが、アメリカ本家のQアノンによる2021年の議事堂襲撃に関連してメンバーのツイッターアカウントが凍結されたことをきっかけに、この団体は勢いを失ってしまったと分析されている。しかし、これで日本国内のQアノン勢力自体が衰えたわけではなかった。

QAJFの失速と入れ替わるように台頭してきたのが、2021年10月ごろから形成され拡大を始めた「神真都《やまと》Q」と呼ばれる陰謀論団体である。同団体は、Qアノンによるディープ・ステート関連の陰謀論を軸としつつ、反ワクチン思想やスピリチュアル思想を巧みに組み合わせて活動を拡大していった。

同団体の結成宣言では、「悪の権化イルミナティ、サタニスト、DSグローバル組織、最悪最強巨大権力支配から「多くの命、子どもたち、世界」を救い守る」と謳われており、トランプ支持も表明している。さらにはそこに、レプティリアンと呼ばれる人型爬虫類の異星人概念や、学術的に立証されていない漢字以前の日本固有の文字とされる神代文字の継承、光の戦士や光の家族といった、オカルトやスピリチュアルの要素も垣間見える。

近年の陰謀論団体は、スピリチュアル要素を組み込むことでそのような思想に親和性のある人々も団体参加に誘引し、また既存の宗教団体や霊性運動と結合する傾向が見られる。前述したドイツのライヒスビュルガーについても、宗教やスピリチュアル運動との接近が確認されている。そのような陰謀論とスピリチュアリティの混淆については、コンスピリチュアリティ（コンスピラシー〈陰謀論〉とスピリチュアリティ〈霊性〉を組み合わせた語）という概念が提唱されるようになっている。

神真都Qについては、正確な会員数は不明であるが、神真都Qが運営するLINEのオープンチャットには2022年時点で約1万3000人が登録しており、同年1月のデモでは全国で約6000人の動員数を誇った。懸念すべき点は、彼らがワクチン接種会場への襲撃など、現実世界での実力行使に踏み込んでいることである。2022年4月には、新型コロナウイルスワクチンの接種を行っていた診療所に不法侵入した疑いで5人の逮捕者を出し、同年末には有罪判決を受けている。

さらには、Qアノン直系の団体ではないが、このようなコンスピリチュアリティの流れを汲む日本最大の団体として、参政党の主張にも注意を払う必要があるだろう。党の主張や党役員の発言には、ユダヤ系陰謀論やワクチン陰謀論、スピリチュアル要素などが確認されていることが先行の調査研究で指摘されている。また、SNS上ではQアノンのディープ・ステート陰謀論を肯定、支持していると思われるような発言をしている議員も確認できる。同党は2024年10月の衆議院選挙では3議席を獲得し、地方議員数は138人（2024年9月現在）、党員・サポーター数は2022年末時点で約10万4000人に上っている。国会や地方議会に議席を持つ政党が、このような外国からの影響力工作と親和性のある主張を繰り広げていることは憂慮すべき事態である。

また、インターネットセキュリティ企業である株式会社Sola.comや東京大学の鳥海不二夫教授の分析では、ツイッターなどのSNS上でQアノンに共鳴した内容や新型コロナウイルスのワクチンをめぐる誤情報を発信していたクラスタが、ウクライナ侵攻では親露的な投稿を拡散しているということが判明している。

各調査によれば、「ウクライナにはアメリカ主導の生物兵器研究所がある」という投稿が900万件以上拡散され、「ウクライナ政府はネオナチ」という228件の投稿は、約1万9000件のアカウントにより3万回以上リツイートされていた。こうした調査から、SNS

上での陰謀論言説の広がりやすさ、これらの言説に親和性のあるSNSユーザーの拡大、そしてこうしたクラスタに外国からのアクターが関与していないかどうか、といった点には注意すべきである。

過去には、2016年6月のブレグジット（イギリスのヨーロッパ連合〈EU〉離脱）についての国民投票の際にディスインフォメーションの流布に関与していたロシア系アカウントが、同年11月のアメリカ大統領選挙の際のディスインフォメーション流布に再利用されていた事例もある。日本のSNS空間で陰謀論拡散に寄与していた外国系アカウントが、類似したトピックで活動していないかどうかなど、陰謀論をはじめとして影響力工作を受けやすいナラティブの国内SNS動向は注意してモニタリングしていく必要がある。また、前述した陰謀論関連の団体に所属していなかったとしても、その言論に影響を受けている人数は決して少なくはない。中露のナラティブに親和的なアカウントが、今後の日本社会に与える影響に留意すべきである。

また、2024年10月からレプリコンワクチンの接種が始まったことで、反ワクチン運動が再燃しており、このワクチンを取り扱うクリニックに対して、脅迫や誹謗中傷などの実力行使が増加してきている。

各国で反ワクチンや新型コロナウイルス政策への懐疑から体制破壊的運動が激化した前例

や、前述したような反ワクチンと親露的言説の重なりを踏まえると、こうした陰謀論的思想に基づく運動の活発化には、それが一見、安全保障と関係ないように見える内容でも、注意が必要であろう。

2　認知戦下における陰謀論の構造

陰謀論が単なるサブカルチャーとしてのトピックのレベルを超え、影響力工作のツールとなった主因は、通信技術の進歩とそれによるサイバー空間の拡大、ＳＮＳの勃興、そしてＳＮＳをはじめとしたウェブサービスによりサイバー空間と我々の「認知領域」が接続されたことである。すなわち、陰謀論の脅威はサイバー安全保障と密接な関係を有しており、本節ではこの概念的な構造を整理し、読者の皆さまの理解に資するものとしたい。

新たな戦闘領域の登場

インターネット技術の隆盛により、サイバー空間上での戦いが大きな影響力を持つようになったことで、陸、海、空といった伝統的な戦闘領域および宇宙領域に加え、サイバー領域が新たな第5の戦場として認識されるようになった。それにより、サイバー戦が軍事・非軍事の手段を組み合わせるハイブリッド戦争の一角を成すようになる。サイバー戦におけるサイバー攻撃は、相手の情報システムを攻撃することで機能破壊を目的とする機能破壊型サイバー攻撃、相手の情報を窃取し金銭詐取や影響力工作に利用しようとする情報窃取型サイバー攻撃、そして偽の情報や歪曲された情報（＝ディスインフォメーション、または偽情報）を流布することで相手の社会を分断し、国家の意志決定や民主主義の価値観を害する情報操作型のサイバー攻撃などを代表的な類型として主に6つの類型に大別される。

このようなディスインフォメーションを用いた情報操作型のサイバー攻撃は、SNSやマイクロターゲティングによるウェブ広告といった新たなウェブサービスを利用することで、単なるディスインフォメーションの流布だけでなく、我々の認知を攻撃し得る、選挙時の投票行動や政治行動に影響を与える影響力工作の一つであることが認識されるようになった。すなわち、第6の戦場としての認知領域、そして認知戦の登場である。

こうした戦闘様相の変化に伴い、近年、ハイブリッド戦という用語が各種報道で改めて脚光を浴びている。特に2022年2月に始まったウクライナ戦争を契機として、現代戦の形態としてハイブリッド戦争が改めて注目されている状況である。これは決して新しい用語ではなく、2000年代にはアメリカ陸軍の教範にすでに盛り込まれており、ウクライナ戦争の背景の一つである２０１４年のクリミア併合の際にも、ロシアの戦略についてハイブリッド戦争という概念を用いて一定の評価がなされていたことが指摘されている。ハイブリッド戦争とは、敵国や非友好国に対して軍事・非軍事的手段を組み合わせた（＝ハイブリッドさせた）攻撃が行われる戦争ということが原義である。このことから、テロやゲリラ戦、プロパガンダといった古くからある手法の組み合わせもハイブリッド戦の一つとなる。

また、アメリカの統合作戦に関する教範においては、情報戦は「我の情報及び情報システムを防護し、敵の情報及び情報システムに影響を与える戦い」と定義されており、20世紀ごろまでは、地形や気象情報、通信情報の撹乱やこれらに関する情報システムの防護に焦点が当てられており、情報戦や心理戦などもあくまでも戦闘のためにデザインされたものであった。

しかし、情報戦については、サイバー空間の活性化とともに軍事上の情報システムの攻防や心理戦、欺瞞作戦から射程が推移していき、広く市民社会への世論誘導や影響力工作といったアプローチが含まれるようになった。さらには、こうしたディスインフォメーションの累積が攻撃者に有利なナラティブを意図的に形成し、影響力工作としてさらに大きな流れを生む。このナラティブの戦いにおいては、我々の認知に影響を与えやすいナラティブの一つとして、陰謀論が脅威になっているのである。このような複雑化するハイブリッド戦の様相を整理したものが図1となる。

図1の通り、認知戦や認知領域という語を用いても、それは単に我々の認識や言論空間に留まるものではなく、サイバー領域が情報戦や認知戦の基層となって影響を与えていることに注意が必要である。これらは単独の戦いではなく、現代の安全保障においては、サイバー安全保障と認知領域安全保障を両輪として確保することが喫緊の課題であると言える。

サイバー空間の情報操作

情報戦においては、世論誘導やディスインフォメーションの流布といった工作手段が積極的に用いられるものの、こうした工作に利用される情報はサイバー攻撃によって引き起こされたインシデントや窃取された情報と組み合わせて活用される。こうした異なる類型のサイバー攻撃を戦略的に組み合わせることで、物理空間、情報空間、認知空間の相互に影響を与える攻撃が可能となる。

105頁の表1は、先行研究において、国家が関与するサイバー攻撃を7類型に整理したものである。情報戦に用いられる攻撃類型としては、⑤の情報操作型サイバー攻撃を中心として、その他の類型のサイバー攻撃を組み合わせてハイブリッドなサイバー攻撃が構成され

図1　認知戦と陰謀論の位置づけ

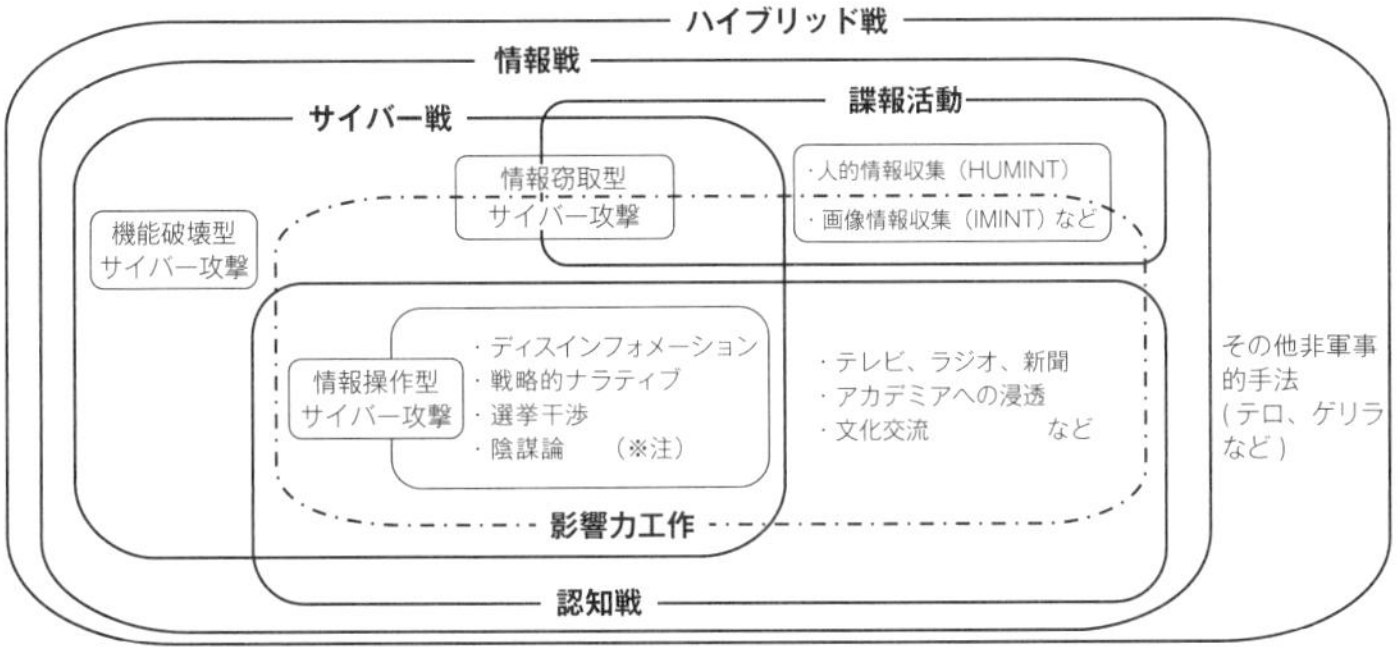

（※注）列挙した4つの工作手法はインターネットの普及以前から存在しているが、現在はこれらの中心的な場裡がサイバー空間であるため、図解の便宜上、サイバー戦の枠内に配置している。

（出所：右記初出図を筆者にて訳したもの。長迫智子「我が国の認知安全保障の確保を目指して」『宇宙・サイバーと先端技術研究会報告書（仮）』中曽根平和研究所、発行予定日未定）

ることとなる（⑦ハイブリッド型サイバー攻撃）。例えば、2016年のアメリカ大統領選挙においてはハックアンドリークという手法で、ヒラリー・クリントン陣営である民主党に①の情報窃取型サイバー攻撃が行われ、そこで窃取した情報が選挙干渉に利用された。これまで、諜報活動のための情報窃取は、エージェントの人の手によるものや、衛星情報、通信の解析などが主な手段だったが、インターネットの登場で、この諜報活動の一部は国家による①情報窃取型サイバー攻撃に置き換わった形である。また、2022年のウクライナ戦争開戦直前には、ウクライナの銀行のウェブサイトにDDoS攻撃（②機能妨害型サイバー攻撃）が行われるとともに、テレグラムなどのSNSを通じてウクライナのATMが使用不能となっているというディスインフォメーションが拡散された。同年8月のナンシー・ペロシ下院議長訪台時には、台湾各地のデジタルサイネージがハッキングにより改竄され（③機能破壊型サイバー攻撃）、それらの画面には、ペロシは戦争をもたらす魔女である、台湾は中国の一部である、といったような反米および親中のナラティブが映し出された。

こうしたハイブリッド型サイバー攻撃を用いる戦略は、古くから情報戦を重視するロシアによって洗練されてきた。2000年に公表されたロシアの情報安全保障ドクトリンでは、外国からの情報戦に対してロシアの情報安全保障をいかに確保するかという観点から、情報空間の機能破壊から情報操作まで様々な脅威が早くから多角的かつ横断的に検討されている。

表1　国家が関与するサイバー攻撃の類型と主な実行主体

攻撃類型	攻撃の内容	実行主体
①情報窃取型	標的型攻撃（ウイルス付きメール、水飲み場攻撃）などにより、特定の政府機関、企業、団体、個人のネットワーク、コンピューターに侵入し、機密情報、営業情報、特許、知的財産などを窃取する攻撃。	中国（技術、政策情報）、ロシア（政策情報）
②機能妨害型	DDoS攻撃などの手法により、ネットワークの許容量を超える飽和通信要求によって、サーバーネットワークを麻痺させる攻撃。	ロシア、中国、北朝鮮
③機能破壊型	標的型攻撃などにより、特定の政府機関、企業、団体、個人のネットワークに侵入し、システム破壊・改竄を行う攻撃。ネットワーク内のデータ消去・改竄を目的とするものと、制御系システムを標的として物理的破壊を目的とするものがある。	ロシア、中国、北朝鮮
④金銭目的型	標的型攻撃、脆弱性利用などにより、特定の政府機関、銀行、企業、個人のネットワークに侵入し、不正な送金を行い、またはコンピューター内のデータを暗号化し、解読に身代金を要求する攻撃。	北朝鮮（今後はロシアも）
⑤情報操作型	代理主体（Proxy）などを用いて真の発信者を隠匿した上で、SNSなどに偽ニュースを流布させることにより、対象国（主に民主主義国）における世論操作を目的とした攻撃。選挙結果に影響を与えることを企図している攻撃も見られる。	ロシア、中国
⑥軍事的サイバー攻撃	軍事攻撃と一体的に行われる機能妨害機能破壊を目的とした攻撃。電子戦の一環として軍隊の指揮統制システム（C41）を標的とするものと、軍事行動に影響を与える重要インフラを標的としたものがある。	ロシア（有事の際には中国も）
⑦ハイブリッド型	上記①～⑥までの類型を組み合わせた攻撃。近年は①情報窃取型＋⑤情報操作型、②機能妨害型＋⑤情報操作型、などの組み合わせが多い。	ロシア、中国、イラン

（出所：大澤淳「サイバー領域の安全保障政策の方向性」『新領域安全保障―サイバー・宇宙・無人兵器をめぐる法的課題』ウェッジ、2024年1月、185頁を基に筆者加筆）

これは裏を返せば、ロシア自身が認識する脅威は彼らの攻撃手段でもあるということである。ロシアの戦略においては、地政学的な「情報対立」という概念は相手国の心理や認知までもが射程とされ、ディスインフォメーションの流布、電子戦、心理的圧力、敵のコンピュータ能力の破壊などを含むあらゆる情報戦の技術が「情報兵器」と考えられていた。

こうした相手の心理や認知を重視する情報戦戦略は、ＩＴ技術の進化、特にＳＮＳやマイクロターゲティング広告との相性が優れている。この十数年におけるサイバー空間の変化は、ロシア軍参謀総長であったワレリー・ゲラシモフが２０１３年に発表した現代戦のコンセプトで示すように、非軍事的手段と軍事的手段を４対１のバランスで用いるなど非軍事的手段に重きを置く趨勢において、サイバー戦と情報戦が中核を占める流れを後押しすることとなった。

中国も歴史的に、「三戦（世論戦、心理戦、法律戦）」という非軍事的手段を活用する戦略を有しており、１９９９年には、サイバー戦や情報戦、電子戦など多種多様な非軍事的手段を活用する「超限戦」というコンセプトが提唱されている。さらに２０１４年には、戦勝を主導する発言権（話語権）を確保し認知空間での意思決定を制御する権能を獲得するという「制脳権」の概念が提唱された。こうした流れから、中国もロシア同様に、情報操作型サイバー攻撃を中心にハイブリッド型サイバー攻撃を活用する傾向に進んでいる。どちらかと言えば、有事では2014年のクリミア併合、平時では2016年のアメリカ大統領選挙などを契機に、ロシアがより率先してこの攻撃類型を活用していたが、中国もロシアとの軍事交流によりこうした手法を学んでいることが指摘されており、実際にアジア地域でのハイブリッド型サイバー攻撃事例は台湾を中心に確認されているところである。

影響力工作とディスインフォメーション

既述の通り、現在はさまざまなサイバー攻撃を組み合わせた影響力工作が情報戦・認知戦下で行われている。影響力工作は各国が敵対国に対して影響力を行使するための工作活動の一つであるが、軍事作戦に限定されるものではなく、外交の場も含め、あらゆる種類の紛争の一部となり得る。

影響力工作とは、原則としては、非物理的（ノンキネティック）な手段を用いて敵の意志力を削ぎ、意思決定を混乱させ、制約し、公的支持を弱めることで、発砲することなく勝利を達成する活動を言う。これには、平時であれ武力紛争中であれ、国家やその他の集団が対象となる聴衆の行動に影響を及ぼすために行う、あらゆる努力が含まれる。したがって、影響力工作はソフトパワー活動を含む、情報領域におけるあらゆる活動の総称である。

しかし、影響力工作はソフトパワーの行使だけに限定されるものではない。武力紛争や軍事作戦の一環として行われる秘密活動や侵入活動も含まれる。これは、侵入的なサイバー能力の使用の可能性を含んでいる。よって、影響力工作は、平時、危機、紛争、紛争後において、国家の外交、情報、軍事、経済、その他の能力を協調的、統合的、同期的に活用し、外国の対象者の態度、行動、意思決定を促進する活動であると言える。

NATOの定義では、影響力工作を、情報影響力工作（IIOs：行動、発言、信号、メッセージを通じて、特定の対象者に情報を提供し、影響を与え、説得するための作戦行動）、影響力工作のためのサイバー攻撃（ICOs：対象者の態度、行動または意思決定に影響を与えることを意図して、サイバー空間のデータや通信に影響を与える作戦行動）、情報工作（IOs：軍事作戦中に、情報関連能力を統合的に使用する作戦行動。他の作戦と連携して、敵および潜在的敵対者の意思決定に影響を与え、混乱させ、腐敗させ、または簒奪するために、軍事作戦中に情報関連能力を統合的に用いること）の3つの類型に区分しており、現在の影響力工作においてサイバー攻撃が切っても切り離せない手法であると認識されていることが分かる。

そして、ディスインフォメーションやナラティブは影響力工作のツールの一つとして機能する。これまでの研究が示すように、ディスインフォメーションは相手国の政治体制や民主的プロセスを標的にし、社会的矛盾や緊張を高め、相手国の意思決定を歪める。さらに、このディスインフォメーションの積み重ねで国家が戦略的に作り出したナラティブは、そのナラティブに触れたすべての人の記憶、経験、価値観、推論、感情といった認知領域を刺激し、侵入し、新たな認知を形成する。例えば、ロシアの侵攻を正当化する言説について、個人が反射的にそれをどの程度受け入れるか、あるいは拒絶するかは、それが事実であることを確認する前に、この言説に曝されたときの認知の機能に依存して決定される。つまり、情報戦の分野は我々の認知領域にまで及んでおり、それゆえに「認知戦」という用語が使われるようになったのである。

「ディスインフォメーション」とは、何なのか

2016年のアメリカ大統領選挙におけるロシアの選挙干渉が注目を集めて以来、ロシアや中国による情報戦が拡大するにつれて、ディスインフォメーションという言葉が頻繁にメディアに登場するようになった。しかし、一部の国では、ディスインフォメーションと同様の文脈で「フェイクニュース」という語を使用している。日本はその代表例であるが、単なる誤報とは異なる、国家安全保障の観点から外国の影響力工作を論じる際には、フェイク

ニュースという言葉は妥当ではない。フェイクニュースという言葉は、「フェイク」という語から虚偽の情報だけを指すことになってしまう。同様に、日本でディスインフォメーションの訳語として当てられている「偽情報」についても、「偽」のニュアンスの採用は妥当ではないと筆者は考えている。ディスインフォメーションは複雑な地政学的目的に基づく影響力工作の一部であるため、これらの表現では脅威の全体像を見失うこととなる。

ＥＵのヨーロッパ評議会の報告書では、国家主体による影響力工作だけでなく、過失による虚偽情報の流布も含めた状況を「情報騒乱」と呼び、そのような状況下での情報類型を「誤情報（Misinformation）」「偽情報（Disinformation）」「悪意の情報（Malinformation）」の３つに分けて示している。

- 誤情報（Mis-information）：事実誤認や誤った文脈での情報の結合、誤解を招く文脈などであるが、誤って広められたものであり故意や害意はないもの。
- 偽情報（Dis-information）：害意をもって故意に広められた、誤った文脈や詐欺的な内容、でっち上げや操作された内容の情報。
- 悪意の情報（Mal-information）：秘匿されていた情報をリークする、機微な個人情報を相手を害する目的で公にするなど、真なる情報だが害意をもって広められている情報。

同報告書では、ディスインフォメーションを「意図的に公衆に危害を加えたり、利益を得たりする目的で設計、提示、宣伝されたあらゆる形態の虚偽、不正確、または誤解を招く情報」と定義している。この報告書では、ディスインフォメーションは虚偽の情報をベースに構成されるという考え方となっている。日本国内では、「Disinformation 対策フォーラム」による定義が代表的だが、「あらゆる形態における虚偽の、不正確な、または誤解を招くような情報で、設計・表示・宣伝される等を通して、公共に危害が与えられた、又は、与える可能性が高いもの」という記述はEU報告書に近しい。

しかし、ディスインフォメーションを用いた工作では、時には真なる情報も含まれることがある。例えば、アメリカ国家情報官室（ODNI）の報告書によれば、2016年のアメリカ大統領選挙ではロシア軍の諜報機関（参謀本部情報総局〈GRU〉）が、ハッカーグループ「Guccifer 2.0」と内部告発サイト「DCLeaks.com」を利用して、民主党選挙委員会をハッキングして、メールなどの情報をリークするとともに、それを基にSNSで民主党候補のヒラリー・クリントンを貶める言説が形成されるという工作があった。このリーク情報は、本来であれば表に出ないはずの情報ではあったが、虚偽情報ではなく真の情報である。

そして、攻撃側の戦略としても、真偽の双方の混交やサイバー攻撃などによるリーク情報の活用が明言されていることにも注意が必要である。元ロシア連邦保安庁（FSB）の著者が執筆したロシアの情報戦に関する事典では、ディスインフォメーションのオペレーションは、「虚偽の情報、噂、幻想の流布」、「機密情報の『漏洩』を組織すること」、「特定の出来事や事実の誇張、矛盾するメッセージの流布」、「統一された計画に基づき、個々の活動を調整する」、「真実と嘘の比率を注意深く調和させる（もっともらしい情報を最大限に利用する）」、「真の意図、目標、自勢力（支持者）が解決すべき課題を、義務的に巧みに隠蔽する」といった手法を組み合わせることと整理されている。ロシア自身が展開する陰謀論や悪用しているQアノンの陰謀論も、そこには誤った情報や害意のある情報、誤った関連づけなどが含まれるディスインフォメーションの一つではあるが、リーク情報を活用し真偽の情報を巧妙に混在させているからこそ、実際にそこに陰謀があると多くの人に感じさせ、強い拡散力や扇動力を有しているのである。

この観点からディスインフォメーションの再定義を行えば、「社会、公益への攻撃を目的とした害意のある情報で、情報自体が偽であるだけでなく、情報自体は真であるが誤った文脈や操作された内容で拡散されるものなど、真偽どちらもあり得る情報」と定義し得る。「偽情報」と訳されるディスインフォメーションであるが、真なる情報も戦略的に組み合わされていることに留意が必要である。

「ナラティブ」は、いかに我々の脳に働きかけるのか

右に述べたような国家による影響力工作の一環でのディスインフォメーションが蓄積されると、それは特定のナラティブ（物語）を構築するようになる。これは国家が用いる「戦略的ナラティブ」と呼ばれる。

NATOの軍事作戦を担当するヨーロッパ連合軍最高司令部（SHAPE）の戦略コミュニケーション責任者だったマーク・ライティによれば、ナラティブとは「単なる物語以上のもの」で、「多くの物語を含んだ、イデオロギー、理論、または信念に沿った出来事の説明であり、将来の行動への道を指し示すもの」である。ナラティブは世界を説明し、我々の理解を補い、これから何をすべきかを指し示す。戦略的なナラティブは、特定の国家戦略とナラティブを一致させ、相互に支え合い、統合するものとなっている。

そして、国家によるこの戦略的ナラティブの行使は、「ナラティブの戦い」と呼ばれる。主にディスインフォメーションから構築されるナラティブは、事実を含んでいるかもしれないが、文脈が歪められたり、戦略的かつ悪意を持って操作された不都合な真実であったり、真の目的を隠蔽するものであったりする。これは大河の流れに似ていて、ナラティブの川は、

ディスインフォメーションという汚染物質によって戦略的に汚染されているが、情報の流れの中でその汚染だけを区分けして排除することは非常に困難なのである。

ナラティブの戦いでは、イデオロギー、理論、信念、そして将来の行動への道を指し示す我々の脳内回路を標的にする。これは、人間の認知情報処理から生成される。視覚や聴覚といった直接的な感覚にディスインフォメーションのような操作された情報、誤った情報を流し込むだけでなく、ナラティブを通じて過去の記憶に基づくワーキングメモリ（作動記憶）にも働きかけ、情報の取捨選択を行う認知フィルターを通じて個人の認知領域の中で生み出される現実の解釈（内部表象）に影響を与えようとする。その結果として、個人の感情や行動に影響を与え、攻撃の所与の目的である戦略的な結果を引き出そうとする。このプロセスを示したものが図2となる。

我々は、同じ対象物を見ても、そこから受ける印象や発露する感情、自発する思考は異なるが、それは個々人の環境や価値観、信念といったフィルターに左右されるからである。例えば、目の前で単なる赤いリンゴを見ただけでも、それが好物である人は美味しそうだと好ましい感情を抱き、リンゴアレルギーの人は危険だと感じる。リンゴを腐らせてしまい虫が湧いた経験のある人は嫌悪感を抱くこともある。小さいころ、母親が風邪の時に出してくれた擦り下ろしたリンゴを思い出して郷愁に浸る人もいれば、コレクションしているアップル

図2　人の認知処理フローと認知領域への攻撃イメージ

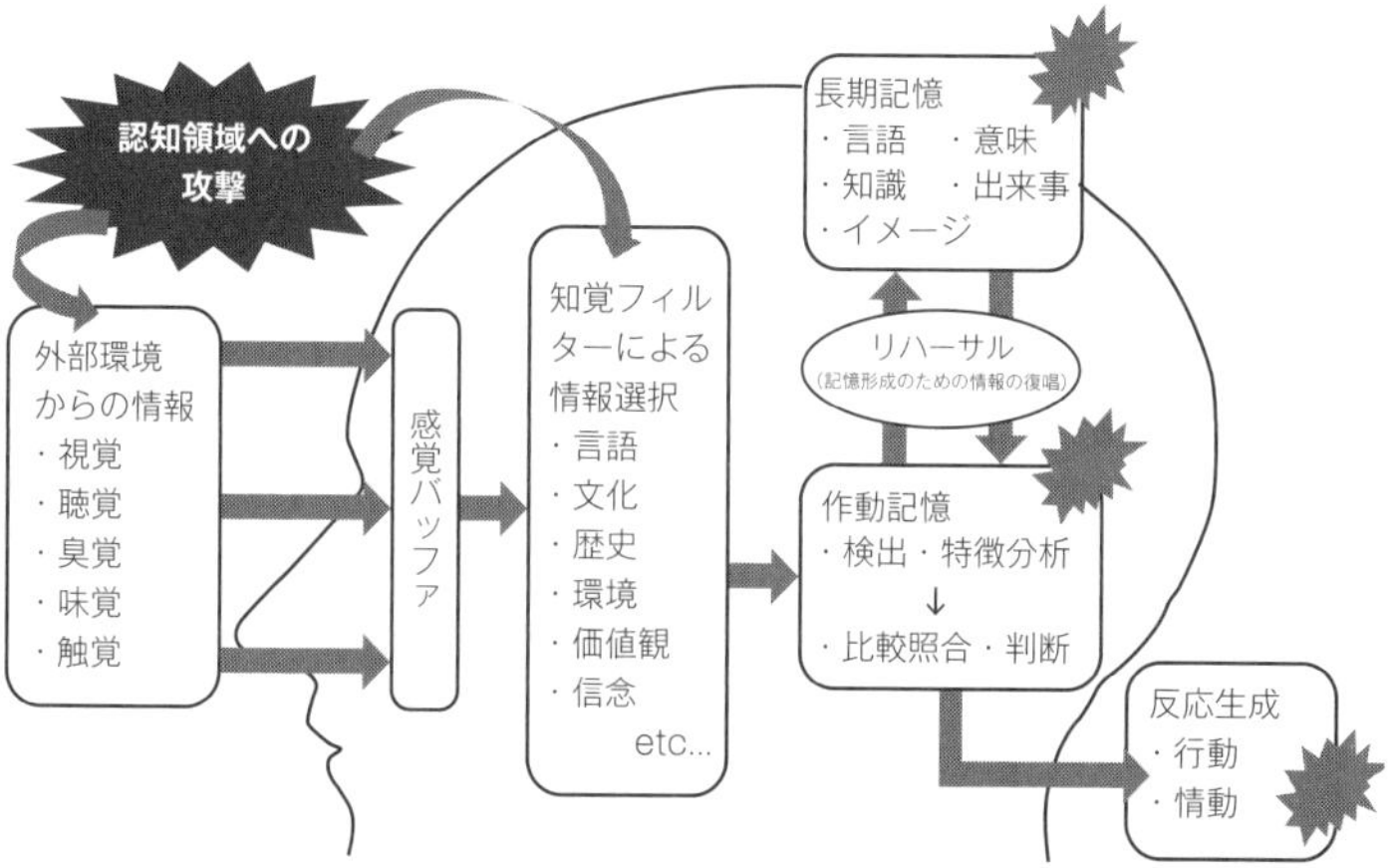

（出所：笹川平和財団安全保障研究グループ「政策提言"外国からのディスインフォメーションに備えを！
～サイバー空間の情報操作の脅威～"」笹川平和財団、2022年、5頁。）

製品と結びつけて何とはなしに親近感を抱く人もいるかもしれない。最近、スーパーでリンゴが値上がりしたことをふと思い出して経済に思考をめぐらすこともあろう。道端の1個のリンゴなど何の関心も湧かず目に留まらない人もいれば、飢餓に苦しむ地域の人にとっては、それは何としてでも確保すべき目の前の食料となる。では、その「リンゴ」が政治家や政策で、それに関連づけられる環境・価値観・信念といった認知フィルターが操作されてしまっていたら、選挙の時に何が起こるだろうか。

認知領域への攻撃は非常に抽象的で認識しづらいが、人々の認知領域を攻撃して自国に都合よく塗り替え、さらには相手の国が分断するように仕向けるナラティブが埋め込まれていく。これらの攻撃の成果は、選挙や国民投票、デモといった民主主義的プロセスで発露するが、その攻撃は平時から絶え間なく行われている。このようにして戦場が我々の認知領域にまで広がった結果が、認知戦という新たな戦闘様相なのである。

認知戦とは何なのか

2017年、アメリカ国防情報局(DIA)やアメリカ空軍は「認知戦」という概念に言及し始めた。さらに、NATOにより組織された専門家コミュニティ「NATOイノベーションハブ」は2020年に認知戦プロジェクトを立ち上げた。こうした動きの結果、多くの国が認知戦に取り組み始めているが、実際には認知戦の定義は確立されていない。しかし、いくつかの先行研究が示す定義は、すべての人の認知を武器化し、秩序と体制を不安定化させるという核心部分では共通している。

NATOの研究では、「認知戦は、信頼（選挙プロセス、制度、同盟国、政治家などに対する国民の信頼）を損なう目的を追求し、それゆえに個人が武器となり、その目的は個人が何を考えるかではなく、むしろ彼らの考え方を攻撃することである。それは、社会を支えている社会契約全体を解体する可能性を秘めている」とされている。この他には、レイ・オルダーマンによる「社会的、経済的、政治的路線に沿って敵国の国民と指導者とを分断し、一発も銃弾を撃たずに内部から敵国を破壊することを目的とした心理戦の増幅版」、ヨタム・ロスナーとデイヴィッド・シマン＝トフによる「社会的統一を損ない、政治システムに対する国民の信頼を損なわせるための外部による公の言説の操作」、そして「情報の受け手を心理的に擦り減らすためのディスインフォメーションプロセス」というダイアナ・マキーヴィッツの定義などがある。

一方、イギリス海軍の士官であるポール・オットウェル大尉の議論では、これらの定義にはやや否定的なバイアスがあると批判し、次のようなより中立的な定義を提示している。認知領域を「個人、集団、および集団の相互に結びついた信念・価値観・文化に影響を与えるために、情報環境を利用することによって作戦が達成される知覚と推論からなる領域」と定義した上で、認知戦は「他者に対して優位に立つために、対象者の間であらかじめ決められた認識を確立するための認知領域での作戦」と記述している。

このように認知戦は、相手国に対して優位に立ち、自国に有利な社会的・政治的システムに作り変えることが焦点となる。そして、認知領域が戦争で武器化されたことにより、兵士だけでなくすべての市民が認知戦の戦場に置かれるという脅威を認識すべきである。

陰謀論というナラティブ

このような認知戦下においては、陰謀論というナラティブが新たな脅威となっている。認知戦で攻撃対象となる認知プロセスにおいて、「陰謀」という独自の世界観や物語性を有する陰謀論は、単なる個々のディスインフォメーションとは違い、強力なナラティブとして機能する。なぜなら陰謀論は、不確実性、深い社会的不信、二極化、疎外感といった社会の歪みに対し、単純で分かりやすく、時には正義感を刺激するようなナラティブでこの世界を説明するからである。

このような戦略的ナラティブとしての効能を利用して、ロシアや中国といった安全保障上の懸念国が、Qアノンの陰謀論を「武器化」して、社会的不和を引き起こし、正当な政治プロセスを危険に晒している。さらには、2019年以降、ODNIとアメリカ連邦捜査局（FBI）によってQアノンはテロの脅威グループとして名指しされるまでになった。そして第1章および本章前半で述べたように、陰謀論のムーブメントは各国でも広がっており、これらは単に思想的な問題ではなく、物理空間での体制破壊的活動に結びついて、明確に安全保障上の脅威となっている。

このような陰謀論の世界観に陥りやすい人は、連言錯誤（一般的な状況よりも特殊な状況の方が蓋然性が高いと誤判断すること）や意図性バイアス（他人の行動が偶然や無意識ではなく意図的であると推測して結果に固執してしまうこと）、分析的思考の欠如といった認知的特性があるとされる。このような認知的特性から、陰謀論を利用した認知戦のオペレーションは、マイクロターゲティングが容易で、エコーチェンバーやフィルターバブルに陥りやすいSNS環境と親和性があり、戦略的に実行しやすい。また、2つの陣営に分かれている議論の一方に深く傾倒している人は、自分たちに有利ならその意見が真実かどうかにかかわらず飛びつく傾向があるため、陰謀論では既存の対立構造を利用する手法が用いられる。これはディスインフォメーションにより社会の分断を図る手法と類似しており、この点でも親和性がある。

陰謀論そのものは古くからある言論体系であるが、こうした性質から、陰謀論は国家による認知戦下のディスインフォメーションを用いたオペレーションに組み込まれていった。こうしてサイバー空間での陰謀論言説は、ＩＴ化が進み人々や社会がサイバー空間に接続されたデジタル化時代において、新たな勃興を見ることとなった。こうした新たな認知戦の展開についても、安全保障上の脅威として多面的に対応していく必要がある。

日本において悪用されやすいナラティブは何か

新たな安全保障の脅威である認知戦については、どのようなナラティブが悪用されやすいかを事前に確認し、拡散の戦略、手法や実行者を把握しておくことが備えに繋がる。中国の用いる認知戦の手法を分析した台湾の先行研究では、その戦略と利用される感情やバイアス、拡散するノード、拡散されるトピックスが整理され対策に活かされている。では、これを日本に当てはめるとどうなるだろうか。台湾だけでなく、これまで各国で拡散されたディスインフォメーショントピックスと、日本国内で拡散されたディスインフォメーションや虚偽情報（外国からの干渉でないものも含む）を反映させ、先行研究図にあてはめたものが122

頁の図3である。

個別のディスインフォメーションやナラティブ拡散に対し、事後の対応ではすでに拡散されてしまった情報への対抗力に乏しいため、ファクトチェックだけではなく、ワクチンの予防接種のように事前の反論や典型的手口の共有をして抵抗力をつけておくことが重要であると現在は考えられている。これは、虚偽を暴く「デバンキング」を事前に行うことから、「プレバンキング（事前暴露）」と呼ばれる。そのため、防御側としては、ある程度の類型化と自国が攻撃を受けやすいであろうトピックやナラティブの棚卸を行う必要があり、そのために図3のような整理が必要となる。
①軍事、②外交、③インフラ、④経済、⑤健康・病気、⑥政治家、⑦産業・技術、⑧LGBTQ・ジェンダー、⑨世代間疎外、⑩移民、⑪災害、⑫原子力・放射能、⑬労働管理、⑭移行期正義、⑮同一的制度・倫理・文化、といった各トピックにおいて、個別のナラティブではディープ・ステートや人工地震、ワクチンによる人口削減や移民による日本解体といった陰謀論と関連づけられているものも多い。個別のトピック事例については、日本ファクトチェックセンターでこれまでに確認された事例や、他国で起こった事例について日本でも同様の攻撃が考えられるもの、虚偽情報の前例はないが二項対立的に議論になりやすいトピックでディスインフォメーションによる分断惹起の可能性が高いものなど、筆者が収集した事

図3 日本国内で想定される認知戦アプローチ

戦略

歪曲、排除、狭窄、増幅、拡大、妨害、二分法、陰謀論

感情

怒り
嫌悪
恐怖
不安
憎悪
共感
驚き
希望
愛

認知バイアス

利用可能性バイアス	直近に見聞きした出来事やインパクトの強い情報など記憶の中でアクセスしやすい情報から判断してしまう傾向
確証バイアス	自身の考えを支持する情報ばかり集め、反証する情報を無視または集めようとしない傾向
共鳴	自分の性格に共鳴する、あるいは自分の行動において共感できる特徴を持つ情報を選択する傾向
認知的不協和	矛盾する認知を同時に抱えた状態や、その際に覚える不快感やストレスを指すが、これらのストレスを解消するため認知を変更しようとして論理的誤謬をしばしば起こしてしまう傾向
信頼の希薄化	公的機関や専門家に対する信頼が希薄となる傾向

拡散ノード

国家の支援を受けたメディア
SNS
Podcasts
コンテンツファーム
サイバー部隊
サイバートロール
マーケティング会社
インフルエンサー
ネット掲示板
政治トークショー
ニュース
雑誌
宗教団体
大学教授や学校
旅行会社
地方政党
移民
留学生

トピックス分野	日本で想定されるトピックス
① 軍事	アメリカ軍基地問題、ミサイル配備、自衛隊、戦争不安、他国の有事、核戦争
② 外交	日米・日韓・日台関係の離反、日中関係、ODA、軍事支援、領土問題、拉致問題
③ インフラ	交通麻痺、病院機能停止、ATM 機能停止、エネルギー危機
④ 経済	金融破綻、取り付け騒ぎ
⑤ 健康、病気	新型コロナウイルス、ワクチン、後遺症、その他感染症、生物兵器
⑥ 政治家	汚職、スキャンダル、選挙不正、発言捏造、災害対応、有事対応、ディープステート
⑦ 産業、技術	先端技術、環境問題、地震兵器、気象兵器
⑧ LGBTQ、ジェンダー	同性婚やポリティカルコレクトネスをめぐる対立、マジョリティとマイノリティの対立、男女間対立
⑨ 世代間疎外	世代間対立、高齢者排斥、氷河期世代批判、若者批判
⑩ 移民	在日朝鮮人、在日中国人、イスラム系移民、クルド人、移民暴動、外国人犯罪
⑪ 災害	地震、津波、台風、噴火、避難、義援金
⑫ 原子力、放射能	原子力発電所、原発処理水、放射能汚染、放射線育種
⑬ 労働管理	労働者対立、ブラック企業、外国人技能実習生
⑭ 移行期正義	南京事件、従軍慰安婦問題
⑮ 同一的制度、倫理、文化	憲法改正、女系天皇、夫婦別姓、琉球・アイヌ文化（既存の同一性に反するもの）

出所：下記文献 Figure 4 をもとに筆者作成。各項目については、最新の情勢や日本の情勢を踏まえて、筆者により追加を行っている。
Shen, Puma. "How China Initiates Information Operations Against Taiwan," Taiwan Strategists 12, December 2021, p. 23.
（https://www.airitilibrary.com/Publication/alDetailedMesh?docid=P20220613001-202112-202206130009-202206130009-19-34.）

例のうち代表的なトピック例を列挙した。「⑪災害」の項目は先行研究の表にはなかった項目を追加したものであるが、地震や台風などの災害が多い日本においては、災害時の情報空間は特に警戒すべき環境であるといえる。

感情・バイアス・ノード

図3に示した戦略においては、社会の分断を図る二分法と、体制破壊的事案が各国で確認されている陰謀論について、特に注意を払う必要がある。二極化や二項対立といった手法は、トピックス例で挙げている各属性を扇動し分断することが容易な手法であり、逆にSNSなどでもこの戦略に当てはまる構成の記事やポストには留意すべきであろう。

感情においては、怒りを惹起する内容への警戒が重要である。強い感情は真偽の判断を放棄し情報を共有しようという動機に大きな影響を与えるが、特に怒りが喚起された場合にこの傾向が見られる。

認知バイアスについては、特にSNS上で起こりやすい、利用可能性バイアス（直近に見聞きした出来事やインパクトの強い情報から判断してしまう傾向）、確証バイアス（自身の考えを支持する情報ばかり集め、反証する情報を無視または集めようとしない傾向）などに陥っていないかという点は常に意識しておく必要があるだろう。

例えばXにおいては、インプレッションの多いインパクトのある投稿がおすすめのタイムラインに出現しやすい傾向にあり、そうしたアルゴリズムや前述のバイアスの影響を認識していないと、容易に「バズった」ディスインフォメーションに流されてしまうことになる。また、確証バイアス下では、ファクトチェックの確認や複数の情報源にあたる「ラテラル・リーディング（横読み）」などを疎かにしてしまうこととなり、注意が必要である。

拡散ノードについては、まずは中国やロシアの国家的支援を受けているメディアの発信について警戒すべきであろう。特に中国は、情報戦、認知戦の一環として、この10年間に国有メディアに多額の投資を行ってきた。現在、中国国有メディアは少なくとも12カ国語で配信し、世界中の視聴者にリーチしている。主なメディアは、中国メディアグループ（CMG）である中国中央電視台（CCTV）、中国国営ラジオ（CNR）、中国ラジオ・インターナショナル（CRI）、中国国際電視台（CGTN）、新華社通信、チャイナ・ニュース・サービス（CNS）などである。CGTN発行の記事は日本のヤフーニュースにおいて日本語で配信されており、ニュースサイトやまとめサイトなどを閲覧する際には記事の配信元の確認が必須である。

さらには、中国やロシアは正当なメディアの利用だけではなく、各国に見合ったフェイクメディアを作成し、複数のSNSを通じて複層的に投稿することで、信憑性を高め拡散力を強めているといった動きもある。中国については、ドラゴンブリッジ（スパムフラージュ）、ハイエナジー、ペーパーウォールといった影響力工作の活動が特に有名であり、その射程には日本も含まれていることから注意が必要である。

ノードとしてのインフルエンサーに関しては、中国はフェイスブックグループや配信者に外貨を支払って記事を拡散させようとする動きがあることや、直接に国からの支援がなくとも、親中派のメッセージを発する配信者には中国の愛国者たちから寄付が集まりやすい構造があることが特筆すべきこととして挙げられる。

台湾では、親中派の記事を広めるだけで、毎月1500アメリカドルをも稼ぐことができるフェイスブックページが確認されている。寄付については、2019年に台湾でインターネット上の寄付を受けたユーチューバートップ10のうち、7人が親中メッセージを拡散していた。トップのユーチューバーは7万人の登録者しか得ていないが、年間100万台湾ドルの寄付を集めていたという。さらには、台湾の人気バンドに対し、中国国家ラジオテレビ総局が「台湾は中国の一部」という中国の主張を支持するよう要求したが断られ、報復に中国ライブ時のパフォーマンスに対して罰金を科したという疑惑もある。同様のアプローチに対して日本でも対抗力を有するためには、このような芸能関係者やインフルエンサーに対しても、安全保障上のリテラシーを共有し協力を求めていく必要があるだろう。

情報を性急に判断してはならない

ディスインフォメーションによる影響力工作において、外国勢力が介入しているかどうかが即時に判明することは少なく、ある程度時間が経過してからプラットフォーマー側の調査などで判明する場合も多い。そのため、これらのトピック例に当てはまるニュースやSNS言説については、情報の受け取り方や拡散に注意が必要である。先ほどの図3に挙げたような、認知戦において典型的なナラティブとそれに利用されやすいトピックについては、今後、安全保障を踏まえたリテラシー教育などにおいて共有し啓発していくことによって、認知戦に対する日本のレジリエンスを高めていく必要がある。そして、サイバー空間を中心に展開される情報戦、認知戦に対抗するためには、ディスインフォメーションやナラティブへの対抗だけでなく、我が国のサイバー安全保障を向上させるような法制度の整備も喫緊の課題となっている。

第3章

ロシアと中国の認知戦戦略

小谷 賢

1　主戦場はサイバー空間

インテリジェンスの失敗と説明責任

従来、国家インテリジェンスの原則は、秘密裏に情報を収集、分析し、それを漏らさないように政策決定者や軍事指揮官に伝えることであった。つまり「秘密裏に」という点が何より重要であり、一旦、外に情報が漏れてしまうと、その情報の価値はほとんどなくなる。例えばイギリス政府は、第一次世界大戦中にドイツの暗号を解読し、それをアメリカ政府に秘密裏に知らせた「ツィンメルマン事件」について、長らく沈黙を守り続け、その資料を公開したのは21世紀に入ってからである。つまり政府はインテリジェンス資料を80年以上秘匿していたことになる。

この原則は今でも固く守られているが、その一方で、最近では情報公開という視点も重要になってきている。もし国民への説明責任を果たす必要があれば、正式な手続きを経て、秘密情報に基づいた情報をSNSなどで発信する、といったことも行われるようになってきた。つまり情報を秘匿しておくよりも、公開した方がプラスになる、という考え方である。

その背景にはさまざまな要因が潜んでいるのだが、大まかに言えば、情報公開によって国民への説明責任を果たすこと、そしてサイバー空間において陰謀論をはじめとするディスインフォメーション（偽情報）の類が急増したため、「正確な」情報を発信する必要性が生じたことがある。

1点目の説明責任については、2003年のイラク戦争に遡る。イラク戦争の直前、当時の米英政府はイラクに侵攻する理由として、イラクが生物化学兵器をはじめとする大量破壊兵器を保有していることを挙げた。結論を先に言えば、イラクは抑止のために大量破壊兵器を持っているかのごとく振る舞っただけで、そのような兵器を開発すらしていなかったのだが、米英政府はインテリジェンスを駆使して、さもイラクが生物化学兵器を開発・保有しているかのような情報を捏造したのである。これもほとんど陰謀論に近いものであった。

そして戦後、アメリカを中心とする有志連合軍はイラクに進駐し、国連の機関もイラク軍の大量破壊兵器の捜索を行ったが、結局そのような兵器は見つからなかった。これに対してアメリカのジョージ・ブッシュ大統領、イギリスのトニー・ブレア首相は、それぞれの回顧録でインテリジェンスに瑕疵があったことを述べている。さらに2003年2月、国連安全保障理事会でイラクが大量破壊兵器を保有していると、自信満々に90分もの演説を行った、アメリカのコリン・パウエル国務長官も後に「人生の汚点」として、やはりインテリジェンスに問題があったことを認めたのである。

つまり米英はありもしないイラクの大量破壊兵器を理由に戦争を始めたのであり、国民も政府の言い分を信じたからこそ戦争を支持したのであった。しかし最初からそのような兵器はなく、捏造であったとすれば、米英両国は国民を騙したことになる。この時、両国政府にそのような意図があったのかについては判断を保留したいが、いずれにしても国民への説明責任という点からは明らかに問題があった。

この出来事から教訓を汲み取った両国政府は、戦争や武力介入を行う際には、国民への説明責任に配慮するようになったのである。例えば、2013年8月、シリアのアサド政権が化学兵器を使用して反体制派を弾圧したことに対し、イギリスのキャメロン政権はシリアへの軍事介入を決定した。

この時、イギリス政府はイラクでブレア政権が犯した失敗の二の舞を演じないよう、なぜイギリス政府が軍事介入を決定したのか、国民に対して説明することになった。その根拠として公表された、合同情報委員会（ＪＩＣ）からキャメロン首相へのインテリジェンスの報告書では、アサド政権の化学兵器使用によって、シリア国内で350人もの死傷者が生じた旨が記されていたのである。ＪＩＣは時の政権に秘密情報を上げることが多いので、戦後、報告書が体系的に公開されたことはほとんどない。しかし政府は秘密資料をあえて公開することで、なぜ政府が武力行使を選択したのか国民に説明しようとしたのである。

シリア介入自体は、イギリス議会で否決され、実行されることはなかった。だが、このシリアをめぐる出来事が契機となって、元来秘密であるインテリジェンスも、必要に応じて公開する流れができたものと考えられる。

「いいね！戦争」

２０１０年代に入ると、サイバー空間において、国家、組織、個人を問わず、ＳＮＳでの情報発信によって自らの正当性や優位を獲得しようとする争いが激化し、同時にディスインフォメーションの拡散も活発化していく。２０１２年11月、イスラム組織ハマスのロケット攻撃に業を煮やしたイスラエル軍は、パレスチナのガザ地区に対する大規模な空爆（防衛の柱作戦）を敢行した。これに対してハマスはＳＮＳを駆使し、イスラエルのガザに対する暴力の現状を世界に向けて大々的にアピールしたのである。ＳＮＳによって、世界中のすべての武力紛争はたちどころにインターネット上にアップロードされ、拡散されることになった。

このような時代の戦争を考察した元イギリス陸軍のエミール・シンプソンは、現代の戦争においては、世界中のオーディエンス（観客）に訴えかける戦略的ナラティブ（物語）が死活的に重要であることを指摘している。つまりハマスは「ガザを無差別に爆撃し、多くの民間人を犠牲にしているイスラエル軍」というナラティブをSNSによって拡散したのである。これに対してイスラエル軍側は打開策を持たず、司令官たちもSNSに注意を払いながら、ハマスへの「いいね！（Like）」が増えると作戦を一旦中断するということを繰り返した。

この様子を分析したアメリカの研究者であるピーター・シンガーとエマーソン・ブルッキングは、これを「いいね！戦争（LikeWar）」と名づけたのであるが、戦争が観客を意識しながら行われているという点を考慮すれば、これは世界中の認知をめぐる戦争という意味で「認知戦」と言って良いのかもしれない（認知戦のルーツについては後述）。

そうなると武力行使の際には、観客の認知をどのように操るかが課題となってくる。この点で明確なビジョンを示したのは、イラクやシリアで猛威を振るったイスラム過激派組織「イスラム国（IS）」だろう。

2014年6月、ISの軍勢は、イラク北部の街、モスルに侵攻していた。この時、侵攻するISの部隊はわずか1500人、対するモスル守備隊のイラク兵は1万人（既に任務を放棄した兵士や書類上にしか存在しない兵士を含めた名目上の数字は2・5万人）であった。

この場合、普通に攻め込めばＩＳは撃退されておしまいである。可能性があるとすれば、闇に乗じて奇襲攻撃をかけることであったが、ＩＳは真逆のことをやった。なんと彼らは、今からモスルに攻め込むと、ＳＮＳで大々的にアピールし始めたのである。

これはプロの軍人からすれば、あり得ない行為であった。だがＩＳは戦闘のプロというよりは、宣伝工作の要員が多く、むしろＳＮＳ上での戦いを得意としていた。彼らは捕虜となった兵士が拷問、処刑される動画を多数制作しており、モスル侵攻時にもこの動画を拡散し、もしＩＳに捕まったらどうなるかをイラク軍兵士に向けてアピールしたのである。その結果、恐怖を掻き立てられた守備兵たちはモスルを放棄し、ＩＳの戦闘員たちはほとんど軍事的抵抗なしにモスルに入城したという。つまりイラク兵たちは戦う前から、ＩＳの認知戦によって敗北していたことになる。

アメリカ対ＩＳのサイバー戦争

このようにＩＳはＳＮＳに習熟しており、世界中に向けてＩＳのクールさをアピールする動画や画像を作成し、勧誘活動にも余念がなかった。人気シューティングゲーム「コール・オブ・デューティ」になぞらえた画像や動画を作成し、ＩＳに参加すれば実際の戦場でゲームのようなクールな体験ができる、と世界中にアピールしていた。さらに捕虜の処刑や女性虐待の動画をインターネット上で公開し、そのような体験がしたいのなら、ISに参加せよと訴えたのである。これらの動画は世界中の若者に響いたらしく、2017年までに世界110カ国から4万人以上もの戦闘員がISに参加することになる。特にヨーロッパ連合（EU）からは約5000人、アメリカからも100人以上が戦闘員として参加したとされており、欧米の政府は頭を抱えた。

これに対して、各国はいかに自国の若者をISに参加させないようにするか、知恵を絞ることになる。例えばアメリカ国務省の対応は、国務省の高官が動画に出演して、ISに参加しないように呼びかけるものであった。国務省は「考え直して背を向けよう」というスローガンまで編み出し、広報活動に年間500万ドル以上を費やしたとされるが、ほとんど効果はなかったようである。国務省の高官が登場してただ一方的に説教する内容では、若者の心に響かなかった、つまりアメリカの広報戦略がISのそれに屈したと言える。

そのためアメリカ政府が次に取った手段は、ISのサイバー広報責任者の暗殺とサイバー攻撃というものであった。当時ISのサイバー広報を担当していたのは、イギリス出身のジュネド・フセインという若者であった。フセインはブレア元首相の個人情報にアクセスした罪などで18歳の時に逮捕され、有罪判決を受けている。彼は2013年にISに参加し、それ以降、サイバー攻撃やハッキング、インターネットを通じた広報の責任者となったため、米英はこの人物の排除を検討したのである。

2015年8月24日、フセインはシリア北部のラッカのガソリンスタンドに車で立ち寄ったところを、ドローンによるミサイル攻撃によって殺害された。享年21歳であり、アメリカ政府に暗殺された人物としては最も若い。フセインの居場所が特定されたのは、メッセージアプリ上のリンクをクリックしたためであったと報じられている。

さらにアメリカサイバー軍（USCYBERCOM）は2016年11月にISのサーバーなどを標的としたサイバー攻撃を実施している。これはアメリカ軍にとっても初めてのサイバー攻撃の実施であり、この作戦によってISのサーバーは使用不可能となり、そこに格納されていた広報用データも完全消去、さらに幹部の個人情報も大量に回収され、ISのサイバー網は修復不能にまで追い込まれたのである。これに追随して、フェイスブックやツイッター（現X）といったプラットフォーマーもISによる投稿を拒否、削除したため、サイバー空間からISの痕跡はほぼ駆逐されるに至ったのである。

アメリカはこのテロ組織ISとのサイバー上の戦いから多くを学んだようだが、ただ国家を相手とした場合、政治指導者の暗殺やサイバー攻撃は戦争につながりかねない。特に欧米諸国が参照している、北大西洋条約機構（NATO）サイバー防衛協力センターがまとめたサイバー空間に対する国際法適用についての学説集『タリン・マニュアル2・0』では、他国の主権を侵害するようなサイバー攻撃が禁止されており、このマニュアルを受け入れていない中露も軍事目標に対するサイバー攻撃は軍事攻撃と見なす、としている。このため現実的には、国家から行われたディスインフォメーションなどを用いた認知戦に対して、サイバー攻撃によって反撃し、形勢を打開することは難しい。

意外なことにここで注目されたのは、日本のオタク文化であった。ISの広報戦略は自分たちをクールに見せることに専念しており、欧米の若者に響くようなカッコいい（slick）な映像を十分に練り込んで作り出していた。アメリカ国務省がこの点で敵わなかったのは、当然である。

これに対して日本では、2015年の日本人人質殺害事件を契機にISをこき下ろす画像や映像の作成がインターネット上で呼びかけられ、「ISISクソコラグランプリ」なるものまで実施された。これはISの広報画像を勝手に改変し、その権威失墜を狙ったものである。意外とこのミームは威力を発揮し、ISは日本へのテロを宣言するほどであった。つまり相手の発する情報に対して、こちらからも情報をぶつける、という発想が生じた契機であったと考えられる。

2　ロシアのハイブリッド戦争

ロシアの「ゲラシモフ・ドクトリン」

２０１３年2月、ロシア軍参謀総長ワレリー・ゲラシモフ大将が、「予測における科学の価値」という何の変哲もないタイトルの論文を発表した。しかし、その平凡なタイトルに反し、ゲラシモフ参謀総長はその論文の中で、これからの戦争は正規軍同士の戦いでなく、正規軍と非正規軍との戦いとなり、そこでは大規模な軍事力の行使が行えない、という前提で21世紀の武力行使について興味深い考察を行っている。特にゲラシモフ参謀総長が脅威と感じた「アラブの春」については、西側諸国がインターネットを通じて民衆を焚きつけ、その結果中東諸国において反政府運動が拡散したものとされた。ここからゲラシモフ参謀総長はサイバー空間における情報戦や心理戦を重視し、これを非軍事手段と位置づけ、これからの戦争は非軍事手段が主流となるため、ロシア軍もこの点を重視すべきだと考えた。これを

「ゲラシモフ・ドクトリン」と呼ぶ。

他方、ロシアの情報機関は20世紀初頭からディスインフォメーション工作を得意としており、これは真実の中にわずかなディスインフォメーションを仕込んでマスコミを通じて流布するものである。その目的はロシアに対する好感度を高めることと、ロシアの敵の足並みを乱すことであり、「積極工作（アクティブ・メジャーズ）」と呼ばれてきた。さらに1960年代以降は「反射制御」と呼ばれる手法が確立された。これは「自身が望む行動を相手に取らせるよう、あらかじめ準備した情報を相手に伝える」というものである。そして21世紀に入ると、マスコミではなく、サイバー空間にディスインフォメーションを流布することで、世界中の人々の認知を操り、ロシアの優位になるような行動をとらせることができるのではないかと検討されるようになる。

このアクティブ・メジャーズは、ゲラシモフ・ドクトリンと相性が良かったため、早速その手法は2014年にクリミア半島で試されることになった。

クリミア併合の衝撃

2014年2月のウクライナにおけるユーロ・マイダン革命によって、親露派のヴィクトル・ヤヌコーヴィチ大統領が失脚したことは、ロシアの目には脅威と映った。「アラブの春」同様に、ロシアは背後に西側の陰謀があると感じたため、これに対しクーデターと称して介入を実施することになる。

ロシアの狙いはロシア系住民の多いクリミア半島であった。まずロシア側は参謀本部情報総局（ＧＲＵ）のサイバー部隊を使って、ウクライナ側に大規模なサイバー攻撃を行う。それは通信インフラから銀行にまで及び、ウクライナ側のオンラインサービスの多くが停止を余儀なくされた。さらにロシア軍の電波妨害兵器や通信施設への物理的攻撃によって、クリミア半島ではインターネット環境が著しく悪化し、市民はラジオやテレビに頼るしかなくなったのである。

そしてロシア側はラジオやテレビを通じて、ディスインフォメーションを流布した。それらは例えば、ウクライナの新政府はロシア系住民を弾圧するネオナチであり、西側の傀儡であるとか、クリミア半島がロシアに併合されれば住民の生活が良くなる、といったものであり、クリミア半島の住民はこのようなロシア側の情報工作に操られることになる。その結果、クリミア半島では連日、反政府デモが生じ、ウクライナからの分離を求める声が高まった。そして最後の一押しが「リトル・グリーン・メン」と呼ばれた所属不明の部隊の投入であったが、これはロシア軍の特殊部隊であり、特殊部隊が枢要なインフラを物理的に抑えることで、作戦全体を成功に導いたのである。

この間、ロシアは西側の介入に対する牽制にも余念がなかった。クリミア情勢をめぐっては、国連とEUの間でどちらが主導権を握るかで足並みが乱れていた。アメリカのヴィクトリア・ヌーランド国務次官補は同国のジェフリー・パイアット駐ウクライナ大使と電話で話し、問題を国連に委ねるべきだとして、「EUなんてくそったれよ」と発言した。ところがこの会話がロシア側に録音されており、2月4日にユーチューブ上でこの発言が公開されてしまう。その結果、EU側は一斉にヌーランド国務次官補の発言に不快感を示した。この一件でEU諸国とアメリカとの足並みは乱れてしまったのである。

こうして3月17日にクリミア半島は住民投票によって独立を宣言し、ロシアへの併合にも賛成したことで、ロシア領として併合されることになった。歴史上、外交でも戦争でもなく、情報戦のみによって領土が併合された事例はなく、このことは欧米諸国を驚愕させた。そしてイギリスの国際戦略研究所（IISS）はこのロシアの手法を「ハイブリッド戦争」と名づけたのである。ハイブリッド戦争に近似の概念自体は、1999年に中国で出版された『超限戦』や、2008年のアメリカ陸軍野戦教範にも記されているが、国がそれを軍事ドクトリンとして計画し、実戦で使用したのはこのクリミア半島のケースが初めてに近い。

トランプ勝利の一因となった大統領選挙への介入

ロシアの認知戦はその後も、さまざまな局面で世界の行く末に影響を与えた。

2016年のアメリカ大統領選挙においては、ロシアの情報機関のハッカー部隊の支援を受けた、インターネット・リサーチ・エージェンシー（IRA）というIT企業がアメリカ民主党のサーバーに攻撃を加え、そこからヒラリー・クリントン候補に関するプライベートな情報を大量に入手している。ロシアはクリントン候補が国務長官時代に対露制裁を行ったことに対して恨みを募らせており、その意趣返しとしてクリントン候補の情報をインターネット上に流出させたようである。そもそもの目的はクリントン候補を困らせるためであったが、さまざまな要因が複雑に重なった結果、クリントン候補ではなくドナルド・トランプ候補を大統領の座へと押し上げることになった。

対するアメリカの情報機関はこのロシアの介入を重く見ており、バラク・オバマ大統領は任期のほぼ最後のタイミングで情報機関に対して速やかな調査を命じた。1カ月後の国家情報長官室（ODNI）の報告書によると、「サイバー攻撃はロシア情報機関のハッカー部隊によるもので、トランプ側の勝利を支援するものである」というものであった。これを受けてオバマ大統領は、ロシア側の大統領選挙への介入を認め、アメリカ国内の35人のロシア外交官に対して「ペルソナ・ノン・グラータ」を発行し、国外退去処分としたのである。IRAの出資者の1人であるエフゲニー・プリゴジン（民間軍事会社「ワグネル」のトップ）は、後にこれがロシア側の介入であったことを認めている。

その他、ロシアの介入があったと疑われている選挙は枚挙に暇がなく、2016年のイギリスのブレグジット選挙や、2017年に行われたフランス大統領選挙、同年のドイツの連邦議会選挙などでロシアの介入が噂されているが、確たる証拠は見つかっていない。このように民主主義国の民意をディスインフォメーションで捻じ曲げるロシアの介入手法は、欧米諸国にとっては脅威と映り、その後、対策が検討されたのである。

世界トップクラスの実力を有するロシアのサイバー部隊

ロシアのディスインフォメーション工作は西側のソフト・パワーと対比させて、シャープ・パワーとも呼ばれる。ソフト・パワーは自国の魅力を諸外国に伝え、好感度を上げる手法であり、日本も「クール・ジャパン」という形で行っている。しかしロシアのシャープ・パワーは、大量のディスインフォメーションと恫喝によって相手の判断力を奪い、世論を捻じ曲げることを目的とする。ウクライナではロシアに逆らえばどうなるか、といった情報が発信されたり、真偽不明の大量の情報がインターネット空間に拡散されたりしており、現時点でもウクライナ国民を惑わせている。

さらにロシアのサイバー能力も相当レベルが高い。ロシアではサイバー空間を連邦保安庁（FSB）や対外情報庁（SVR）、GRUの傘下の部隊（「コージー・ベア」、「ファンシー・ベア」、「サンドワーム」など）が担当しているが、それ以外にも、「ダークサイド」、「FIN7」、「ロックビット」など多くのサイバー犯罪組織が存在し、その一部は情報機関とのつながりがあるとされる。これら組織によるサイバー攻撃は強力であり、2014年11月にはロシアのサイバー部隊がアメリカ国務省のサーバーに侵入し、国家安全保障局（NSA）の世界最高レベルのサイバー・セキュリティ・チームと互角の戦いを演じた。また日本の東芝テックやKADOKAWAもこれらロシア系のハッカー集団による被害を受けている。

3　中国の情報化戦争

中国の「三戦」

中国は2003年から「三戦（世論戦、心理戦、法律戦）」といった概念を打ち出しており、ロシアとは別の方向からハードパワーに頼らない戦争方法を模索してきた。中国の場合はまず、国内の情報通信を監視し、反政府運動を抑え込むところからサイバー戦略が打ち立てられた。その結果、現実世界をAIとカメラによって監視する「天網システム」と、サイバー空間を監視する「グレート・ファイア・ウォール」の2本立てにより、反体制派を監視する体制が整えられた。

この監視カメラによるシステムは、日本を含む諸外国にも提供されている。中国製の監視カメラは安くて高性能ということで、各国で採用されているが、問題はカメラがインターネットにつながっており、外国で撮られた動画が中国に送信される仕組みになっているようであることだ。そのため、諸外国にいる反体制派の中国人の監視や、その国の政治家の行動監視にもこのカメラが利用されている可能性がある。このカメラにはＡＩが組み込まれおり、例えば雑踏の中から指定の人物を特定したり、周りと違う行動をとっている人物がいれば、自動的に追尾したりすることも可能である。

日本では２０２３年３月、国土交通省の近畿地方の河川監視カメラ２６０台に不正アクセスとデータ送信の形跡があると報じられた。しかしいまだに原因は定かになっていない。このような状況を受け、日本では国家機関から中国製の監視カメラを取り外す作業が始まっているが、地方自治体や民間企業、発電所や高速道路の重要インフラにおいてはまだ中国製監視カメラが採用されたままとなっている。

さらに中国は諸外国に対する情報工作も実施している。当初中国は、ロシアのようなシャープ・パワー戦略ではなく、中国の魅力を広めるためのソフト・パワー戦略を選択していたようである。例えば各国に作られた孔子学院がその一例であり、中国はハードパワーの経済力を併用することにより、それなりの成果を上げていた。特に２０１０年代以降はオーストラリアがその実験台となり、海外華僑、メディアと視聴者（プロパガンダや自己検閲の強制）、外交（政治家買収や人質外交）、経済（禁輸や不買運動）、教育（介入や孔子学院）、シンクタンク、文化（独立・平和運動の利用）、情報操作（五毛などインターネット工作員による世論操作）などを活用して、オーストラリアへの浸透を本格化させた。チャールズ・スタート大学教授のクライブ・ハミルトンはこれを「目に見えぬ侵略」と形容している。

オーストラリアにおいて中国の存在感は日に日に増していったが、２０１８年以降はオーストラリア保安情報機構（ＡＳＩＯ）を中心に対策が本格化し、同国のモリソン政権は外国勢力内政干渉防止法と外国影響力透明化法の成立、スパイ防止法の改正などを次々に進め、オーストラリアからの中国勢力の駆逐を進めた。このオーストラリアの方針転換に激怒した中国は、それまでのソフト・パワー戦略から、オーストラリアを脅すようなシャープ・パワー戦略に転換した。中国国営の英字紙「環球時報」はオーストラリアを「アメリカの犬として立ち回る巨大なカンガルー」と揶揄し、外交部の趙立堅報道官はオーストラリアの兵士がアフガニスタンの子供にナイフを突き立てているようなフェイク画像をXに投稿した。さらに２０１９年２月にはオーストラリアの総選挙に介入するため、中国によるサイバー攻撃があったことが確認されている。

２０１８年以降のオーストラリアによる取り締まりの強化、さらに２０１９年の香港における学生デモ弾圧を機に、中国もロシアばりのシャープ・パワー戦略に移行した印象がある。２０２１年９月、フランス国防省戦略研究所（ＩＲＳＥＭ）は「中国の影響力工作―マキャヴェリの瞬間」と題したレポートを公表しており、そこでは北京の影響力工作は強化されてロシア化し、中世イタリアの政治思想家マキャヴェリの「愛されるよりも恐れられる方が安全」を体現していると指摘した。このレポートでも2020年前後に中国の戦略が、ロシアばりのシャープ・パワーの方向に転換したことが読み取れる。

「認知領域」を制するための「認知戦」

本書では、ディスインフォメーション工作などの人々の認知に働きかける新しい戦争の形を、ロシアやISなどによるものも含めて「認知戦」と呼称しているが、元来これは中国によって最近打ち出されつつある、新たな戦い方の概念を指す言葉でもある。

そもそもの発端は、アメリカ軍が1991年の湾岸戦争で見せた「ネットワーク中心戦（NCW）」にある。アメリカ軍は陸・海・空・海兵隊の部隊を端末でつないだネットワークを構築し、情報を中心に据えた戦争を行ってみせた。従来の戦場では、例えば航空部隊が海上で敵の潜水艦を発見しても、その情報は「航空部隊基地→海軍部隊基地→対潜水艦艇の投入」という具合に数十分かかり、艦艇が指定海域に到着する頃にはすでに潜水艦はどこかに潜んでしまう、ということが普通であった。だが、NCWではすべての戦域における情報がリアルタイムで共有されるようになり、陸海空部隊の連携が極めてスムーズに行われるようになった。NCWによって陸海空軍単独での武力行使は過去のものとなり、中国人民解放軍（以下、中国軍）が焦りを覚えたであろうことは想像に難くない。

だが、これを中国軍がただ模倣してもアメリカ軍やNATO軍に追いつくのは困難であり、彼らはむしろNCWを越えてその先へ進もうとしたのである。それが認知領域に対する攻撃、すなわち認知戦である。アメリカ軍のNCWは「情報領域を制することができれば、その手足となる陸海空での戦いも有利になる」というものであるが、「情報領域のさらに上には軍事指揮官の認知の領域があり、ここを制することができれば、下部の情報領域も自ずと有利になる」というのが認知戦の考えである。

具体的には、敵の司令官や政策決定者に対して情報操作を行い、その判断を捻じ曲げる、もしくは遅らせるというものだ。例えば司令官のパソコンやスマートフォンをハッキングして大量のディスインフォメーションを送ったり、司令官の所在の地域をピンポイントで停電させたりすれば、IT端末は使用できなくなり、逆に情報不足に陥る。このような揺さぶりによって相手の認知や状況認識を歪めるのである。将来的には電磁波によって直接相手の脳に働きかけを行うような技術も検討もされているようだが、こちらはまだSFの領域であろう。

中国海洋大学教授の劉曙光によると、認知戦の目的とは、①欺瞞情報などによって誤った決定を引き起こす、②大規模軍事演習や限定的な武力行使などによって社会の混乱を生み出す、③我が方の戦争の正当性を強調し、敵の残虐行為を暴露して敵愾心を高める、④我が方の主張を拡散、国際世論を動かすことで支持を獲得する、といったものである。

認知戦は平時と戦時を区別しないので、平時にサイバー空間などで実施されている認知戦を分析すれば、中国流のアクティブ・メジャーズの様相が見えてくる。中国は将来の台湾侵攻に向けて、台湾に対してだけでなく、世界に対してもその正当性を訴える認知戦の最中だと言える。中国軍や情報機関もＡＰＴ41、ティック（Tick）、ハフニウムといったハッカー集団を裏で支え、西側諸国に対してディスインフォメーション工作やサイバー攻撃を行っているものと推察される。

認知戦は中露が圧倒的に有利

いずれにしても現在、中露はサイバー空間を主戦場としており、そこでのディスインフォメーション拡散やサイバー攻撃に余念がない。その理由はすでに述べたように、認知領域において欧米に対し有利に立つためであるが、サイバー空間の特性もある。サイバー空間は国内外の区別が付きにくく、そこへの国の関与も曖昧である。欧米は「タリン・マニュアル」

を採用して、サイバー空間における一定のルール構築を目指しているが、中露はこれを認めていないので、サイバー空間の行為に関する国際法のような世界共通のルールは存在していない。つまりサイバー空間はグレーゾーンのままなので、ディスインフォメーションを流布する行為やサイバー攻撃を取り締まることができない。

特に日米欧といった西側民主主義国では表現の自由が確保されているため、ディスインフォメーションの流布のみによって犯罪行為に問われることはあまりないが、逆に中露でそれは違法行為となる。つまりディスインフォメーション工作をはじめとする認知戦は中露側にとって圧倒的に有利であり、逆に西側諸国が対抗して中露に関するディスインフォメーションを発信しても、それは中露国内では取り締まりの対象になってしまうのである。

中露の認識では、インターネット空間では真実よりも万人に受け入れられるようなナラティブをいち早く流布するのが有効なので、陰謀論などは打ってつけであろう。2021年にはファイザー社製の新型コロナウイルスワクチンの副作用について多くのディスインフォメーションが流布されたが、その一部はロシア発のものとされる。一旦ディスインフォメーションが広まると、それが拡大解釈されて陰謀論的な性格を帯び、新型コロナウイルスはアメリカ軍の生物兵器だといった話に発展する。そして最終的にはそのような陰謀論が一般人の認知にも影響を与え、現実社会で情報感染爆発（インフォデミック）を引き起こす。その結果、日本でも一時期マスクや医療品の買い占めが生じ、当時ヤフーオークションでは数百円のマスク1箱に1万円以上もの値がついたのである。

最近ではディスインフォメーションだけでなく、最初から陰謀論を流すような傾向も見られ、この現象はナラティブ・ロンダリング（偽造された物語）として知られている。2024年7月に当時のアメリカ大統領候補であったトランプが狙撃された際にも、やはりアメリカ政府の陰謀であるとする偽物語がまことしやかに広まったのは記憶に新しい。

しかし、そうなると日本を含む西側民主主義国は、これからますます増えていくであろうディスインフォメーションや偽物語に対処する必要が生じる。ディスインフォメーションに対して、それを訂正することは重要であるが、問題はその数の多さ、さらに訂正までの時間である。訂正までの時間がかかればかかるほど、ディスインフォメーションは拡散し、そちらが真実だと受け止められる恐れが常にあり、対策は難しい。

だがそのような中でも、ディスインフォメーション対策に対するある一定の回答が提示されたのが、ウクライナ戦争における米英の対処法であった。

4　転換点としてのウクライナ戦争

前代未聞の手法でロシアに対抗したアメリカ

　ロシアのウクライナ侵攻に関して、アメリカはすでに侵攻半年前から情報をつかんでいたと言われている。アメリカは外交ルートを通じてロシアに警告を送ったとされるが、まったく効果はなかった。ロシア側は公にもベラルーシとの軍事演習のために軍を動かしており、ウクライナ侵攻の意図はまったくないと説明していたのである。そこで次にアメリカが行ったのは、英豪などファイブ・アイズ諸国との情報共有であり、アメリカがなぜロシアのウクライナ侵攻を確信したのかについての秘密情報が共有された。恐らくその内容は通信傍受情報と衛星の画像情報であったと推測される。さらにアメリカはファイブ・アイズ以外のNATO諸国とも秘密情報を共有し、ロシアの侵攻に備えた。

　ここでアメリカ側が危惧したのは、ロシア側の認知戦である。特に「ウクライナがロシアに先制攻撃を仕掛けたため、ロシアはやむなく反撃した」といった類のディスインフォメーションを封じる必要があった。このロシアのディスインフォメーションを抑え込むために、バイデン政権は思い切った決断をすることになる。それはアメリカが収集した秘密情報の一部を世界に向けて発信し、ロシアが出してくるであろうディスインフォメーションにぶつけるという策であった。

2014年のクリミア併合以降、ロシアの認知戦に対して受け身であり続けた欧米は、対抗策としてディスインフォメーションに正しい情報をぶつけて駆逐する、という解決策を見出したのである。ゲラシモフ・ドクトリンにおいては、非軍事手段の割合は8割近くを占めるため、まずその情報戦の領域で後れを取らないことが重要視されたのだ。

2021年11月にバイデン政権は国家安全保障会議（NSC）戦略企画室のアレクサンダー・ビックを長とした「タイガー・チーム」を結成し、ロシアの出方に備えている。同チームにはアメリカのインテリジェンス関係者が多く集まっており、アメリカのインテリジェンス各組織が収集する情報が集約されていた。

そしてタイガー・チームから「ワシントン・ポスト」紙に国家偵察局（NRO）の衛星写真が提供された。解像度は下げられ、ややぼかしてあるものの、そこにはウクライナ国境に向けて展開するロシア軍部隊が写っており、同紙が民間のアナリストにその写真を分析してもらうと、合計で17・5万人という大部隊であることが判明した。12月3日の紙面ではその写真と解説が掲載され、世界中の人々がロシア軍の動きを知ることになったのである。それまでNROの画像情報が一般に向けて公開されることはほとんどなく、アメリカの取った手法は前代未聞であった。

この動きにイギリスも追随し、翌年1月22日には、ロシアがキーウに親露派の政治家を使って傀儡政権を打ち立てる計画を有していると、機密情報に基づいた対露非難を行った。同月19日、ジョー・バイデン自身も「ロシアはウクライナに侵攻すると思う、そしてそれはロシアにとっては災難となる」と公に警告した。その後、2月15日にロシア軍はウクライナ国境付近に演習のため展開していた部隊を一部撤収したと発表しているが、これに対してバイデンは「撤収を確認できていない」との見方を示し、さらに18日には「ウラジーミル・プーチン大統領が侵攻を決断したと信じるに足る理由がある」と発言している。このように米英はロシアのディスインフォメーションに対抗するため、正しい情報を流し続け、結果的に見ればそれはウクライナの警戒心を保つ効果を発揮し、緒戦でのウクライナ軍の崩壊を防ぐことができたと言える。

サイバー空間での戦い

ウクライナ自身も2021年にはディスインフォメーション対策センターを設置しており、ロシア側の認知戦に備えていた。同センターによるとロシアの手法は、インターネットの大部分を占める英語ニュースの意味を捻じ曲げて翻訳する「強制翻訳」、そして自分の行った行為を相手のせいにする「情報アリバイ」である。ウクライナ戦争では多くの学校や病院がロシア軍によって破壊されたが、ロシア側はこれをウクライナ軍の行為として吹聴している。

さらに多いのは画像や動画の改変であり、元のデータに手を加え、ディープフェイク（見抜くのが難しい画像や動画）として拡散するものである。有名なのはウクライナ軍に投降を呼びかけたウォロディミル・ゼレンスキー大統領の偽動画であるが、これは出来が悪かったので拡散する前に見抜かれた。

2023年3月にはアメリカ空軍州兵のジャック・ティシェイラが国防総省の部内資料をインターネット上に流出させた事件が生じているが、ロシア側はいち早くこの資料を入手し、ロシアのSNS「テレグラム」上に改竄した資料を拡散している。例えば元資料には、「ロシア軍の死者3・55万〜4・35万人、ウクライナ軍の死者1・6万〜1・75万人」と記されているが、テレグラム版の資料には「ロシア軍の死者1・6万〜1・7万人、ウクライナ軍の死者6・1万〜7・15万人」と記されており、資料の画像に手を加えることで、ロシア軍の戦死者数を少なくし、ウクライナ軍の戦死者数を多く見せようとした。しかしこのディスインフォメーションも広まることはなかった。つまり世界的にディスインフォメーションを分析する能力が大幅に上がったことで、以前ほどその威力がなくなってきたと言える。

他方、ロシアのサイバー攻撃を防ぐことも、認知戦においては不可欠の要素となる。今回もロシア軍の侵攻前からウクライナの政府機関、軍組織、銀行などの民間企業に対してマルウェアやDDoS攻撃が行われているが、結果的には深刻な被害を及ぼさなかった。これはウクライナ側がサイバー分野の防御能力を高めたこともあるが、欧米政府や民間企業が協力してウクライナを守り、ロシアに対して攻勢に出ていることも大きい。今回はロシア側が防戦に回っているため、ウクライナに対して有効な攻撃ができていないのかもしれない。また民間企業ではアメリカのマイクロソフト社がウクライナ国内のサイバー・セキュリティの任を負っており、有効に機能している。

民間抜きでは語れぬ認知戦への対策

マイクロソフト社のように、ウクライナにおける認知戦において、民間が果たしている役割は小さくない。今回、米英の情報機関は情報公開に重点を置いているため、ディスインフォメーションを指摘することは民間企業や団体の役割とされた。例えば2014年のマレーシア航空機撃墜事件の調査で名を馳せたオランダに本拠地を置く調査報道機関「ベリングキャット」は、ウクライナ戦争においてもロシアの公開するディスインフォメーションを指摘し続けており、ロシア側が否定したブチャの虐殺についても、現地の画像情報と衛星写真の分析によって、虐殺があったことを確認している。

また前述の通り、ゼレンスキー大統領が投降を呼びかける偽の動画もたちどころにその不自然さが指摘され、まったくと言って良いほど広まらなかった。さらにフェイスブックやXといったプラットフォーマーはISとの認知戦の教訓から、今回はロシア側の投稿をことごとくブロックし、やはり拡散を未然に防止している。このような民間の介入によって、ロシア側のディスインフォメーションは拡散し難くなった。

クリミア併合の教訓として、通信インフラの確保も喫緊の課題となった。この点については元ＩＴ起業家であるウクライナのミハイロ・フェドロフ副首相がアメリカの実業家イーロン・マスクに直接働きかけて、同氏のスペースX社が運用する衛星通信システム「スターリンク」の使用が可能となったため、現在もウクライナ国内の通信環境は確保されている。このインフラを最大限に活用しているのがゼレンスキー大統領で、連日、世界に向けて情報を発信しており、なかなか生の声を聞けないロシアのプーチン大統領とは対照的である。

あるインタビューでゼレンスキー大統領は「とても、とても効果的です。私たちの都市や町が包囲されたような状況下や、占領されている領域において、幾度となく私たちを救ってくれました。」と「スターリンク」に対して最大限の賛辞を送っている。また同大統領によるとウクライナでも「スターリンク」にアクセスできない地域では、「ロシア人たちはもうウクライナは存在しないと吹聴しており、その話を信じ始めている人さえいたとのことです」とのような状況も生じ始めており、やはり情報インフラが確立されていないとロシアのディスインフォメーションが拡散することが窺える。

さらにウクライナ国民が、それぞれのスマートフォンなどの端末で現地の様子を写真や動画でインターネット上にアップロードできることは、諸外国政府や報道機関の情報収集にとって極めて有益であり、またウクライナで行われている非人道行為を世界に知らしめる意味でも重要になってくる。例えば前述の通りブチャの虐殺については、衛星写真と現地で撮影された写真を照合することで、その事実が検証された。このように通信分野やサイバーで主導権を取れないロシア側はウクライナのテレビ塔を物理的に攻撃したり、電子妨害兵器である「クラスハ４」を首都キーウ近郊に展開させたりしたが、どれも決定打とはならなかった。

認知戦で攻勢強める欧米、後手に回るロシア

さらに欧米の発信する情報はインターネットを通じてロシアにも徐々に浸透しつつある。そのためロシア政府は言論統制を強めると同時に、ロシア国民へのプロパガンダ活動に余念がない。現状、ロシア政府はフェイスブックやXに規制をかけ、サイバー空間におけるロシア国民の言論を統制しているようだが、テレグラムは依然使用が許可されており、ウクライナとロシアが双方の情報を流布させるサイバー上の主戦場と化している。だが、ここでもロシア発の情報が広がっているようには見えない。２０２２年8月18日、イギリス政府通信本部（ＧＣＨＱ）のジェレミー・フレミング長官は「プーチン大統領はこれまでのところウクライナと西側諸国における情報戦で完敗している」との見方を示した。

欧米諸国やウクライナによる情報発信はロシア国民に対しても積極的に行われている。恐

らくプーチン政権が一番神経を尖らせているのは、ロシア軍の戦死者数についての情報である。今後、多くの兵士の死体がロシア本国に送られることで、家族の反戦感情は高まるし、苦戦の情報が広まれば、兵士の士気も上がらない。実際にどれほどの死者が出ているのか正確な数は判然とせず、またロシアは2022年9月以降、戦死者数を発表していないが、ロシア軍の戦死者数に関する最後のロシア軍の発表と欧米やウクライナ政府による最新の見積もりでは10倍もの開きがある。欧米側の数字がロシア国内に浸透すれば、国民の反戦感情が一気に燃え上がる可能性も否定できない。

そのため欧米諸国とウクライナは、ロシア国民に対する情報攻勢を強めている。アメリカ政府は冷戦中に活躍したラジオ・フリー・ヨーロッパに資金援助し、リトアニアとラトビアに新支部を設置することで、ロシアに対する情報発信の体制を強化した。またトーア（Tor）やVPNといったインターネット上の通信の秘匿性を守る技術開発を行う企業にも資金援助を行い、ロシア国民が政府のファイアウォールを回避してインターネットにアクセスでき、また検閲されることなくSNSなどを使用できるような体制整備に着手している。アメリカはウクライナだけではなく、ロシアに対しても欧米の情報がロシアに浸透し、ロシア国民がSNS上で自由な発言を行うことができるようなインフラ作りを進めており、欧米発の情報が徐々にロシア国内に浸透している。

このように2014年のクリミア併合におけるロシアの認知戦を駆使したハイブリッド戦争に衝撃を受けた欧米諸国は、今回のウクライナ戦争に至る間に対策を構築していた。それらは政府による秘密情報の公開、民間の助力、通信インフラやサイバー・セキュリティによって、ロシアの認知戦を封じ込めることにあった。戦争全体の8割を占めると言われる非軍事分野でロシアの優位を許さなければ、残る2割の軍事分野においてもロシアが簡単に優位を取ることはできなくなるということだ。

他方、情報機関による情報の公開は、別の分野でも応用されるようになっている。2022年1月、イギリス保安機関は同国のバーミンガムで法律事務所を経営するクリスティン・リーという女性が、中国の影響力工作の一環として、イギリス労働党の国会議員に献金を行っていたことを公開した。リーはスパイとしてイギリスの機密を得ていたわけではないので、逮捕するまでには至らず、かといって放置しておくのも問題なので、彼女が中国の対英工作の一翼を担っていることを公開し、その活動を無力化したのである。恐らく今後、このような形の情報公開も増えていくのではないかと推察される。

5　遅れる日本の対策

ディスインフォメーションが跋扈する日本

欧米によるロシアのアクティブ・メジャーズへの対抗方法は、正しい情報の公開によってディスインフォメーションを駆逐する、情報の正誤については民間団体にも協力してもらう、情報インフラが相手に乗っ取られないようにする、といったあたりである。ただ日本の場合は、いまだXやLINE、ヤフーなどの民間のプラットフォーマーに頼っており、これは2010年代における欧米の対処レベルに留まっている。例えばヤフーニュースのコメント欄には、ウクライナ戦争以降、日本政府やアメリカ政府に対する否定的意見が海外から書き込まれる事例が散見されたが、ヤフーは2022年11月に日本国内の電話番号を登録しないとコメント欄に書き込めない仕様に変更した。またXも不適切な投稿については、随時削除している。

しかしその間にも中露のディスインフォメーションは確実に日本社会にも浸透しており、看過できない状況である。例えば、ウクライナ戦争については、「戦争の原因はNATOの東方拡大」、「ウクライナは早く降伏すべき」といった言説がまことしやかに広まったが、これはロシア側の言い分に基づいた意見に過ぎない。2022年4月の映画監督、河瀬直美による東京大学入学式の祝辞も、ロシア寄りではないかと物議を醸した。

ウクライナ側も自分たちの立場を有利にするための情報発信を行っていることもあり、何が事実で何が事実でないかを見極めるのが極めて難しい混沌とした状況になっているとはいえ、日本国内にも意図的・無意識的にロシアを支持する声が一定数存在していることは見過ごせない。また2024年6月にもゼレンスキー大統領が年内の戦争終結を準備しているとのフェイクニュースが世界に向けて流され、日本の大手マスコミはこれをそのまま報じている。さらにこれらに加え、2023年10月にガザ紛争が勃発すると、イスラエル・ハマス双方によるディスインフォメーションが大量に流されているなど、インターネット上で戦争に関するディスインフォメーションが跋扈し、それに一部の日本人インターネットユーザーや著名人、マスコミが感化されてしまうような状況が好転する兆しはない。これは日本自身の安全保障にとって、危険な状況であると言わざるを得ない。

日本にとって特に対処が難しいのは、台湾情勢や朝鮮半島情勢が悪化する際の「グレーゾーン」問題である。現在、日本政府は台湾有事や朝鮮半島有事に備えているが、その前段階の「平時以上、有事未満」のいわゆる「グレーゾーン」への対処はほとんど検討されていない。例えば中国は、台湾侵攻に先立って、日本に対する認知戦やサイバー攻撃、さらには日本近海の海底ケーブル切断などの工作を行うものと考えられる。日本はインターネットのほぼすべてを海底ケーブルに頼っているため、これを切断されると国民はインターネットに接続できなくなる。

さらにサイバー攻撃によって多くの官庁や地方自治体のサイトが乗っ取られ、そこにディスインフォメーションが書き込まれていくことも想定される。特にそれぞれの有事にアメリカ軍が介入する際、日本の自衛隊にも後方支援の要請が来ることが想定されるが、それをめぐって日本の世論が二分されることは十分考えられる。そこに中国がディスインフォメーションを流布すれば、世論の分裂はさらに強まり、日本政府が速やかに決定を下せなくなる可能性は大いにある。つまり我々はウクライナでロシアが行っている認知戦に学ぶ必要性があるのだが、大部分の国民にとってそれは「対岸の火事」に過ぎないのが現状だ。

縦割りの弊害を打破できるか

そもそも日本政府は外国のディスインフォメーションに対して、積極的対処（カウンター・ディスインフォメーション）をあまり行っていない。唯一の例外は2023年8月に始まった福島第一原子力発電所の多核種除去設備（ALPS）処理水の海洋放出に対する中国の認知戦であるが、詳細については次章に譲りたい。いずれにしても日本政府のディスインフォメーション対策の問題は各省庁が所掌事務に縛られていることである。外交関係のディスインフォメーションは外務省が対処し、治安関係のディスインフォメーションは警察庁が対処するといった具合である。ただ問題は、複数の省庁にまたがるようなディスインフォメーションの場合はどのように対処していくかだ。既述のALPS処理水がまさにそれで、これは外務省だけでなく、経済産業省にも深く関わる問題であったため、対処は難航した経緯がある。

ここからは想像に過ぎないが、外務省がこの線で情報を公開すると決めても、経産省が反対すれば公開はできなくなる。そのためいちいち両省間で公開すべき情報について折衝する必要があるが、ディスインフォメーションは毎日大量に出回るため、それに対処しようとすると情報公開が追いつかなくなる。さらに日本の役所は部内で複雑な決裁を取らないと部外に情報公開はできない。その結果、あるディスインフォメーションに対して日本の省庁が正しい情報を発信しようとすると、早くても数日間、複数の省庁にまたがる場合は数週間もかかる可能性もあり、これでは連日発信されるディスインフォメーションにはとても追いつかない。

そのため政府は、各省庁の方針を統合する内閣官房でディスインフォメーションを扱うことを検討しているが、こちらはまだ検討段階に留まっているようである。２０２３年12月には日米間で「外国からの情報操作に係る日米間の協力文書」が調印されたものの、具体的な対処手段についてはまだ模索中と言って良いだろう。

山積する日本の今後の課題

そもそもサイバーやディスインフォメーションへの対処はインテリジェンス機関との相性が良い。これはインテリジェンス機関が合法でも非合法でもないグレーゾーン領域を扱うことが得意なためだ。サイバー攻撃に対処するには、通信傍受や、サイバー空間で情報収集活動を行い、攻撃者を特定できないと話にならないが、この段階の情報収集はインテリジェンス機関でないと実施できない。

具体的には、サイバー攻撃元の特定や攻撃手法についての分析を行う必要があり、そのためには、電気通信事業者の持つ脅威情報や異常アクセスに関する情報の共有および通信機器へのアクセスの権限、ダークウェブ上で売買される違法攻撃ツール調査の権限、諸外国機関との脅威情報の共有の権限、国家安全保障のための外国勢力の通信を傍受する権限、個人情報や一般人のデータを含む膨大な通信データ（バルクデータ）の収集の権限などをインテリジェンス機関に付与することが必要になってくる。そのためアメリカではNSA、イギリスではGCHQ、ロシアではFSB、中国では中国軍と国家安全部といった具合に、本来サイバーやディスインフォメーションは軍やインテリジェンス機関が対処するのが一般的だ。

しかし日本ではそのような発想はまったくなく、通信だから所掌は総務省、さらに技術領域だから現場ではITエンジニアが対処する、という建つけになっている。しかしITエンジニアは安全保障やインテリジェンスに詳しいわけではないので、例えばサイバー窃盗によってどのような情報が狙われるのか、このディスインフォメーションを流布した意図はどこにあるのか、といったところまで踏み込めず、純粋な技術上の対策に留まってしまう。逆に官僚レベルになるとIT技術に関心がなくなってしまうことが多いので、日本には安全保障やインテリジェンスの視点からサイバーやディスインフォメーション対策を行える人材がまったく不足しているのが現状だ。

さらに法的規制によって日本のサイバー防御やディスインフォメーション対策はできることが限られてしまっている。そのため現状は暗闇の中で盾を持ってただ立っているような状況で、ライトで周りを照らすことすら禁じられている。本来は能動的サイバー防御(ACD)によって、相手の行動を検知し、抑止、もしくは相手の攻撃を妨げる必要があり、実際、国の定める国家安全保障戦略やサイバー・セキュリティ戦略にはそのように書かれているのだが、日本の場合は憲法21条の通信の秘密によって、ハッカーのものであってもその通信を勝手に覗くことはできない。

ただどの国でもそうだが、基本的にインテリジェンス組織は自国民を監視することは原則禁止であり、外国の敵性勢力についての情報を収集している。憲法が外国人の通信の秘密を守っているかどうかについては議論が必要だ。さらに憲法では第12条で公共の福祉を謳っており、公共の不利益になるのであれば、個人の権利はある程度制限されるという考えがある。今後、サイバー攻撃や認知戦が激化し、重要なインフラやサービスがストップする事態を想定すれば、通信の秘密についてもある程度踏み込んでいく必要性も生じるのではないだろうか。

ただ法の問題をクリアしても、今度は人材不足の問題が立ちはだかる。防衛省のサイバー防衛隊は現在、1000人以下だが、世界的に見るとアメリカは6000人、中国は3万人、北朝鮮でも7000人の人員を抱えており、日本は相当遅れている印象である。防衛省は2027年度内にこれを4000人にまで拡充する予定だが、神奈川県久里浜の陸上自衛隊システム通信・サイバー学校では年間100人強を養成するので精一杯で、これではとても追いつかない。そのため現在、防衛省は要員を民間のサイバー教育施設に送り込んだり、民間のIT技術者を招聘したりすることで計画を達成しようとしているが、なかなか難しい状況ではある。

他方、民間に目を向けると、日本には、ベリングキャットのように民間でディスインフォメーション対策や公開情報分析を積極的に行うような土壌もそれほどない。FRONTEOという企業はそのような活動を専門とはしているものの、まだそれほど知られているわけではなく、インターネット上で個人レベルの専門家がディスインフォメーションを指摘するに留まっているような状況だ。

見習うべき台湾の対策

ここで参考までに、アジアでは先端を行く台湾のディスインフォメーション対策を取り上げてみる。台湾はたびたび中国の認知戦に巻き込まれており、総統選挙の折には毎回真偽不明の情報が流布されるようになった。例えば2020年1月の台湾総統選挙において、中国軍と国家安全部が「蔡英文の博士号取得は嘘だ」とするディスインフォメーションを拡散したために、台湾政府は「反浸透法」を制定し、中国によるディスインフォメーション工作や影響力工作を厳しく取り締まる方針を貫いた。また2022年10月にはデジタル発展省を設置しているが、これは元々、日本のデジタル庁を参考としたものである。同省も台湾におけるデジタル化の普及を目的に設置されているが、サイバー・セキュリティやディスインフォメーション対策も行うようになり、本家の日本の先を行っている。

また台湾には台湾民主実験室、国防安全研究院、台湾ファクトチェックセンターといった官民のシンクタンクが、中国の認知戦に目を光らせている。台湾のディスインフォメーション対策では、官民それぞれに役割があり、国はACDを駆使してディスインフォメーションの発信源を特定し、それを必要な機関に知らせ、さらには正しい情報を発信する、民間のシンクタンクなどはディスインフォメーションを偽であることを見抜き、注意喚起する、という役割分担が実現している。

これら取り組みの結果、2024年1月の総統選挙において、中国のディスインフォメーションは台湾に流布されたものの、ほとんど選挙に影響を与えることはなかった。これは台湾市民の間で、中国のディスインフォメーションに対する警戒感が高まったことも大きい。日本もこのような台湾の取り組みから学べるものがあるだろう。

第4章

戦場となる日本の情報空間

大澤 淳

1　国外の陰謀論事情は「対岸の火事」か？

情報工作と陰謀論の親和性

日本の情報空間が狙われている。と言っても、陰謀論が直接狙っているわけではない。虎視眈々と狙っているのは、陰謀論を意図的に拡散することで、日本の言論空間に自国に有利な状況を作り出そうとしている中国やロシアといった外国勢力である。

従来、情報工作を行う外国の主体は、ソーシャル・ネットワークのアカウントを大量に作り、このアカウント群から自身で作成したディスインフォメーション（偽情報）を大量に拡散することで、情報操作型のサイバー攻撃を行っていた。しかし、認知戦・情報戦が注目される中で、メタ社、グーグル社、X社などアメリカのソーシャル・ネットワーク事業者の監視が強まり、ディスインフォメーションの発信源が突き止められて、このような工作を行うアカウントが停止される事例が増えてきている。

それを受けて、情報工作を行う外国勢力は、監視の目をかいくぐるため、工作対象国の実在する人物の実際の投稿を利用するようになってきている。X（旧ツイッター）のリポスト（リツイート）のようなソーシャルエコー（社会的影響度）を増大させる方法であれば、アカウントを停止されるリスクが低く、さらに、拡散する情報は対象国の実在人物の投稿なので、表現の自由を盾にされ、削除が難しいからである。

このような外国勢力にとって、工作対象国の社会を不安にさせる投稿や、自国の外交行動を代弁してくれる投稿は、拡散して利用することで、相手国の社会を不安定化し、相手国内に自国の主張に沿った言論空間を創出することができる、おあつらえ向きの道具である。そしてその中でも陰謀論は、外国勢力が好んで利用しようとする言説だ。

それはなぜか。ディスインフォメーションは、反証の提示などの事実の検証（ファクトチェック）が行われることによって、拡散が阻止されることがあり得るが、陰謀論は「表に出てこない秘密裏の行動」を「陰謀」として批判する言論のため、事実の検証や反証の提示が難しく、阻止されることなく拡散を行うことができるからである。

本章では、そのような外国勢力の関与が疑われる陰謀論の拡散について、認知戦・情報戦の背景となる現代戦争の戦い方の変化、認知戦・情報戦で使われる中露の手法を概観した上で、実際に日本の情報空間でどのような陰謀論の拡散が行われているのか、それはどのような意図を持って行われ、外交・安全保障にどのような影響を与え得るのかを見ていきたい。

「陰謀」と「陰謀論」の定義

最初に、本章で使用する「陰謀」と「陰謀論」について定義しておきたい。「陰謀論」という言葉は、人を攻撃するレッテルとして使われることが多く、「陰謀論者」と言われると反発する人も多い。したがって、本章では、より中立的に陰謀論を扱うために、いわゆる「陰謀論」と言われるものを、感情論ではなく、内容を定義した上で使用することとしたい。また本章では、陰謀論を指摘するいくつかの文献やSNS上の言及を事例として引用するが、それらの言及を筆者がピックアップしたのは、あくまでも後述の定義に基づくものであって、言及されたことについての真実性や言及そのものを非難する意図がないことをあらかじめお断りしておく。

陰謀論（conspiracy theory）は、アメリカでも研究の対象となっており、アメリカでの陰謀論研究の第一人者とされるマイアミ大学のジョセフ・ウシンスキー教授は著書『陰謀論入門』（作品社）において、本書の「はじめに」でも挙げた通り、陰謀論を次のように定義している。同教授は陰謀論とは、「過去、現在、未来の出来事や状況の説明において、その主な原因として陰謀を挙げるものを指す」としており、その陰謀について「権力を持つ個人からなる少人数の集団が、自分たちの利益のために、公共の利益に反して秘密裏に行動するもの」（傍点筆者）と述べている。陰謀論に言及する人は、特定の出来事が「公共の利益に反して秘密裏に」決定され実行されていると信じており、正義感からこのような陰謀を真実として告発している可能性が高いと考えられる。ウシンスキー教授は、陰謀論にまつわる最も難しい問題として、「何が真実で何がそうでないかについて、人々の意見は一致しない」という点を指摘している。

ウシンスキー教授の定義を踏まえ、本章では、例示する陰謀論については、その主張の真実相当性に疑義を挟むのではなく、言及されている主張が、特定の出来事について「公共の利益に反して秘密裏に」実行されている、という内容を含んでいるか否かを基に判断することとしたい。

ハイブリッド化する現代の戦争

２０２２年2月24日に始まったウクライナ戦争以降、「ハイブリッド戦争」という言葉が注目を集めている。この「ハイブリッド戦争」は、現代戦を象徴的に表す言葉であり、現代の戦争や紛争においては、大砲やミサイルといった物理的（キネティック）な破壊を伴う軍事的手段と、サイバー攻撃やディスインフォメーションの流布のような物理的な破壊を伴わない（ノンキネティック）非軍事的な手段がハイブリッドに使用されることを表現している。このハイブリッド手段は、戦争や紛争の最中だけでなく、平時や有事が近づいてくるグレーゾーンにかけて持続的に行われるのが特徴である。

ハイブリッド戦争を図式化すれば、図1のように描くことができる。国際情勢がきな臭くなるはるかに手前の平時の段階から、第1段階として情報戦・心理戦が行われる。最近では「認知領域の戦い」や「認知戦」と称されるこの戦いは、社会の分断や相手国政府の信用失墜など、ディスインフォメーションの流布や情報操作によって社会を撹乱し、弱体化させることを目的としている。有事に兵器によって敵の軍事目標を破壊する以上に、平時からの認知戦・情報戦で相手の社会の団結や意思決定を混乱させ、敵国の戦争遂行能力を弱らせることに主眼が置かれているのだ。

ウクライナ戦争でも、西側民主主義国の弱体化と国際社会の分断を狙って、ロシアによるディスインフォメーションの流布が行われ、国際世論形成の場裡でも大きな影響を及ぼしている。このような認知戦の主な手法であるディスインフォメーションの流布は、比較的長い時間をかけて行われており、ソーシャル・ネットワークなどの情報空間は、有事になるはる

図1　ハイブリッド戦の構図

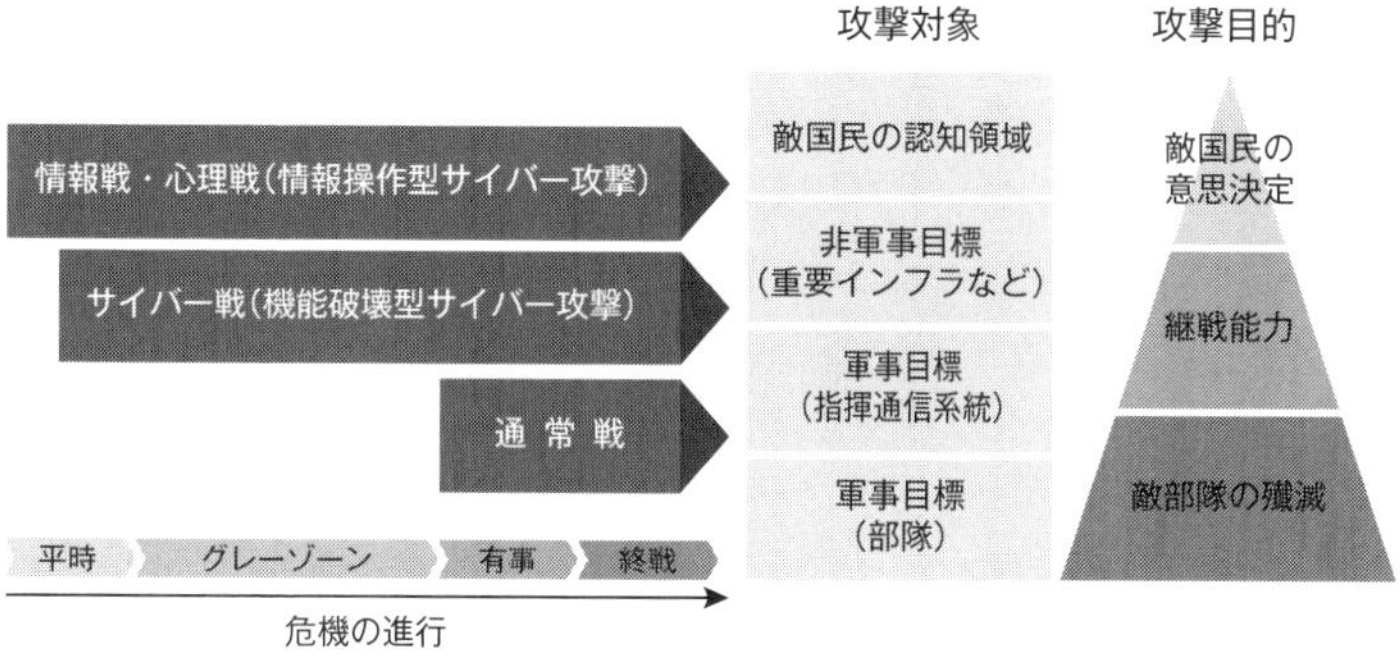

出所：筆者作成

か前の平時から危機が静かに進行し、戦場化している。

第2段階として認知戦の次に来るのは、サイバー戦である。このサイバー戦では、戦争や紛争で軍事的手段を使い形勢を有利にするために、敵の継戦能力の無力化を目的として、電力や通信などの重要インフラや政府機関などを標的としたサイバー攻撃が行われる。典型的なのが、ネットワークに入り込んで情報を消去する機能を持つワイパー型のマルウェアやサーバーを機能不全に陥らせるＤＤｏＳ攻撃を用いて、相手国のネットワークを機能不全に陥れる「機能破壊型のサイバー攻撃」である。特に初期段階では、継戦能力を左右する電力システムなどの重要インフラなどの非軍事目標と軍の指揮通信基盤となる通信インフラが攻撃対象となる。また、このようなサイバー攻撃は、敵国政府の情報発信を妨害するために、政府やメディアのウェブサイト、デジタルサイネージ、クラウド上の放送送出システムに対しても行われ、ディスインフォメーションの流布とともに、相手の情報空間を混乱させるために用いられる。

第2段階としてのサイバー戦を経て決着が付かない場合、第3段階として軍事攻撃が行われる。ウクライナ戦争では、欧米から供与された先端兵器が、戦闘の行方に大きな影響を与えたと言われている。ウクライナの「守護神」として崇められているアメリカ製の携行対戦車兵器「ジャベリン」や同じくアメリカ製の誘導砲弾「エクスカリバー」などである。これに加えて、領域横断的な戦い方を支える統合全ドメイン指揮統制システム（JADC2）の「DELTA」がある。このシステムは、戦場を飛ぶドローン、商用衛星、センサーなどの情報をリアルタイムでデジタル地図上に共通作戦状況図（COP）としてクラウド上で統合し、部隊に砲撃や攻撃などの指示を出すのに使われる。我々が思っている以上に現代の戦場はハイテク化されている。

陰謀論は戦争と国家の帰趨を左右する

しかし、現代戦争の行方を左右するのは、このような欧米から供与された最新兵器や領域横断システムではない。戦争の帰趨を決める大きな要素は、国民の士気であり、国民の団結力であり、これを間接的に支える国際社会からの支持である。

ウクライナ戦争でそれが試されたのは、開戦翌日の2022年2月25日であった。この日、ロシア系のSNSやメディアから「ゼレンスキーがキエフから逃げた」との未確認情報が一斉に流されていた。このロシアによるディスインフォメーションを一掃し、国民の士気を維持したのは、首都キーウのウクライナ政府庁舎前で撮影されたウォロディミル・ゼレンスキー大統領の自撮り動画であると言っても過言ではない。ゼレンスキー大統領は自撮り動画の中で、「大統領府長官も首相も私もここ（キーウ）にいる。我々は全員ここにいる。我々は独立と国を守るためにここに留まる」と述べ、国民にロシアへの徹底抗戦を呼びかけた。ゼレンスキー大統領の自撮り動画は、30秒ほどの長さであったが、ウクライナ国民の徹底抗戦の意志を固める重要な役割を果たした。

一方、国際社会からの支持獲得について、ウクライナは必ずしも成功しているとは言えない。確かに、アメリカやヨーロッパ諸国からの軍事援助や日本からの支援は、ウクライナ戦争開戦直後からこれらの国がウクライナを支持していることを反映している。だが世界全体では、ロシア寄りの国際世論がグローバルサウスを中心に多いことが見て取れる。例えば、すべての加盟国が投票を行う国連総会では、ウクライナ戦争開戦後の2022年3月から現在まで総会決議が7回行われている。開戦直後の2022年3月のロシア軍の即時無条件の撤退を求める総会決議では、賛成141・反対5・無投票12・棄権35であったのに対して、2024年7月のウクライナ南部の原子力発電所からのロシア軍撤退と原子力施設の安全確保を求める総会決議では、賛成99・反対9・棄権60となり、ウクライナ側に立つ国際世論が大幅に減ってきている。

ロシアは、ウクライナ侵略を正当化し、国際社会におけるウクライナ支援を弱体化させるために、多くのディスインフォメーションを流している。その最たるナラティブ（物語）が、

「危機を招いたのは北大西洋条約機構（NATO）と西側だ。統一ドイツを超えてNATOを拡大しないという約束を破って、東方に拡大してきた。囲まれたロシアは自衛をせざるを得ない。ウクライナがNATOに加盟しようとしている今、軍事的措置をとらざるを得ない」というものだ。NATO東方不拡大に関する明示的な約束なるものは存在しないというのが、国際政治学上の現在の通説だが、ウラジーミル・プーチン大統領自身が、ウクライナ戦争が始まった日の演説で、「NATOの東方拡大により、ロシアを取り巻く状況は年々悪化し、危険性を増している。（中略）北大西洋同盟のインフラをこれ以上拡大したり、ウクライナ領土の軍事的足がかりを得ようとする継続的な努力は、我々にとって容認できない」と述べ、ロシアを破壊しようとする西側の陰謀があると主張している。このような様子について、イタリアのアスペン研究所の研究者は、「陰謀論がクレムリンのイデオロギーになっている」と分析している。

ウクライナ戦争をめぐる日本国内の陰謀論

このように歴史的経緯を持ち出して、ロシアはウクライナへの侵略戦争を正当化しているのだが、その論理を無意識に受け入れて拡散する政治家、有識者、評論家が日本の言論空間でも出現してきている。
例えば、れいわ新選組の山本太郎代表は、2022年3月3日に同党のユーチューブチャンネルで東京外国語大学の伊勢崎賢治名誉教授との対話を配信し、「西側がロシアとの密約を反故にしてきたことから考えると、今起きていることは一方的にロシア側が悪いというだけでは片づけられない」[1]と前述のロシア側の主張に理解を示している。
豊富な外交経験を持ち、ロシア東欧地域に駐在経験のある外交官の中にも、ロシア側の論調を展開する例が出てきている。駐ウクライナ大使を務めた馬渕睦夫は、著書の中で「ウクライナのゼレンスキー・ネオコン政権はディープステートの代理人で大富豪のジョージ・ソロスの支援の下に、ウクライナをロシア攻撃の前線軍事基地化を完成させました。（中略）ロシアを戦争に巻き込みプーチンを失脚させるというディープステートにとって（中略）夢がかなった瞬間でした」と述べている。[2]
陰謀論のキーワードでもある「ディープ・ステート」という言葉は、2016年のアメリカ大統領選挙で広く認知されるようになった。共和党候補だったドナルド・トランプを支援する保守系メディアや支援者は、自らの権益を守ろうとする「ディープ・ステート」が、市民の味方であるトランプを攻撃している、という論陣を張った。また、2024年の大統領選挙では、トランプ自身が「ディープ・ステートを解体して、ワシントンに民主主義を取り戻す」ことを選挙公約にしている。「政府の中の政府」と表現されることもある「ディープ・ステート」は、外交・安全保障・治安などの政府機関に属する一部のエリートを指し、選挙で選ばれた市民の代表の文民統制に応じず、国益ではなく自分たち少数集団の利益を優先して国家を運営している、としばしば非難される。冒頭のウシンスキー教授による陰謀の定義、「権力を持つ個人からなる少人数の集団が、自分たちの利益のために、公共の利益に反して秘密裏に行動すること」とまったく重なるのだが、この「ディープ・ステート」は陰謀論を象徴する言葉として使われている。

ディープ・ステートをめぐる複数の著作がある評論家の副島隆彦は、正面からウクライナ戦争はディープ・ステートが原因と指摘している。副島は、ウクライナ戦争はディープ・ステートによって準備された罠であり、プーチン大統領はその罠にはめられた、と著作の中で述べている。[3] そして、ディープ・ステートの司令官であるジェイク・サリバン（安全保障担当大統領補佐官）と、ヴィクトリア・ヌーランド（国務次官、2024年3月5日に退任発表）たち、「悪魔教の凶悪な者たちが、世界の終わりである全面的な核戦争まで突き進むことを望んでいる。彼らは文字通り、地上に出現した悪魔たちだ」とまで述べている。[4] 副島にディープ・ステートのナンバー2と名指しされたヌーランド国務次官は、後ほど日本のソーシャル・メディア空間におけるディスインフォメーションの流布についての記述でも登場するので、名前を記憶しておいてほしい。

日本で陰謀論はどのぐらい浸透しているのか

本書の読者を含む多くの人々は、ディープ・ステートのような陰謀論を見聞きした場合、自分はこのような議論には与しないし、滑稽なバカバカしい議論として一蹴するに違いない。また、世の中の大勢も、このような陰謀論を信じるはずがない、と思っているはずだ。だが、アンケート調査を使った学術研究の結果や本の販売部数は、そのような固定観念を簡単に覆す。

ソーシャル・ネットワークの発達と陰謀論の関係を研究している早稲田大学高等研究所のロバート・ファーヒ講師は、欧米の研究で陰謀論の信念を測定する為に使われている「一般的陰謀論者信念尺度（GCBS：Generic Conspiracist Beliefs Scale)」を用いて、サンプル数約5000のアンケート調査を行っている。ファーヒ講師が実施した調査の中には、GCBSの陰謀論の信念を測る尺度である質問項目「CONS2：少数からなる秘密結社がこの世界の重要な方針を決めている」、「CONS5：多くの重要な事実が意図的に一般の人々には伏せられている」、「CONS8：特定の宗教団体がこの国の政治と経済の行く末を左右している」という質問が含まれている。これらの陰謀論の信念の強さを表す質問について、「ある程度本当だと思う」「本当だと思う」と答えた割合は、CONS2で15・51％、CONS5で67・6％、CONS8で29・34％とかなり高い割合になる。アンケート調査結果を受けて、ファーヒ講師は「日本人がさまざまなタイプの陰謀論を信じる傾向にあり、そうした人々の数は欧米の状況と劇的に異なるわけではない」と結論づけている。

陰謀論と政治行動について研究をしている大阪経済大学の秦正樹准教授は、サンプル数約2000のオンラインアンケート調査で、「いくつかの重大な出来事は、秘密裏に世界を操っている小集団の活動の結果である」という質問に対して、「そう思う」「ややそう思う」と肯定した割合が27・7％になると指摘している。他の陰謀論信念に関連する質問に対する調査結果から、全体的に見て、日本人でもほぼ20～40％の人が、陰謀的言説を「正しい」「やや正しい」と答えており、「この日本で陰謀論なんて信じているのは、ごくごく一部の特殊な人だ」とは簡単に言い切れない、と秦准教授は結論づけている。ファーヒ講師や秦准教授の調査を見れば、日本人の3人に1人は、陰謀論を信じているという驚くべき数字が見えてくるのである。

アメリカでも同様の調査が行われており、世論調査サイトのYouGovによれば、先ほどのGCBSのCONS2と同様の質問項目「政府やその他の組織の正式な責任者が誰であろうと、密かに出来事をコントロールし、世界をともに支配している一団がいる」という質問に対して、41％のアメリカ人が「ある程度本当だと思う」「本当だと思う」と答えている。「ディープ・ステート」の粉砕を叫ぶトランプ候補が、嘘を振りまきながら選挙活動を行っているにもかかわらず、アメリカ国民の約半数がトランプを根強く支持をしている理由が、このあたりからも理解できるであろう。

また、本の売れ筋ランキングからこのような陰謀に言及している本の浸透度を推察すると、日本でも陰謀論関連の本が意外に売れていることが分かる。ディープ・ステートに言及している副島の著書『トランプ勢力の徹底抗戦でアメリカの国家分裂は進む』（祥伝社、2024年10月31日発売）は、発売前の10月26日の段階で、アマゾン全体の本の売れ筋ランキングの847位、カテゴリー「国際政治情勢」の10位に位置している。また、馬渕元大使の発売直後の『グローバリストの洗脳はなぜ失敗したのか』（徳間書店、2024年9月27日発売）は、10月26日現在、アマゾン全体の本の売れ筋ランキングの975位、カテゴリー「国際情勢」の4位に位置している。社会科学の手法に従った真面目な国際情勢の分析の書籍よりも、陰謀論に言及している本の方がはるかに人気があり、広く読まれていることが見て取れる。

日本では日本語という言語の壁があるため、外国からの情報工作は浸透しづらいと言われてきた。しかし、日本でも欧米と同様に陰謀論を受容する土壌があり、ロシアの主張するディスインフォメーションを含む陰謀論も浸透しやすくなっていると考えるべきである。

ではなぜ、陰謀論のような一見して滑稽な情報が浸透するのであろうか。先に述べた馬淵元大使も副島も、大学を卒業後に外務省や外資系銀行に勤め、経歴を見れば、世の中的にはエリートの部類に入る。そのような人々でも、簡単に陰謀論を信じてしまうのは、どういうメカニズムなのだろうか。

人が陰謀論に惹かれるメカニズム

そのメカニズムを知るために、是非1冊の本を読むことお勧めしたい。新聞協会賞を2年連続受賞し、ボーン・上田記念国際記者賞も受賞した毎日新聞の大治朋子編集委員の『人を動かすナラティブ』(毎日新聞出版、2023年)である。大治は数々の取材経験から、情報工作の中心には「ナラティブ(物語)」があり、人はその「ナラティブ」を受け入れ、行動に結びつける、と観察した上で、ディスインフォメーションであっても人が「ナラティブ」に惹かれてしまう原因が、人間の脳のメカニズムにあることを、数々の文献や取材から明らかにしている。

その本の中に、陰謀論とナラティブの関係について解剖学者の養老孟司にインタビューした模様が収録されている。「陰謀論はナラティブの典型のようなものでしょうか」という大治の問いかけに対して、養老は、脳は省エネを求めるので、嘘であっても複雑な事象にそれらしい理由をつけて簡単に分かりやすくするナラティブを受容するのは、「脳のクセ」であると答えている。

政治や経済や社会のさまざまな出来事について、専門家による解説は世の中に無数にあるが、複雑な解説を一つひとつ考えて理解していくことは、我々の脳が「ナマケモノ」である以上、難しいというのである。最近「スマホ中毒」が問題になっているが、手を動かすだけで情報が入ってくるソーシャル・ネットワークは、脳にとっても「ラク」だとも養老は指摘している。陰謀論に惹かれるメカニズムが、我々の脳が持つ本来的な性質だという指摘は、衝撃的ではあるが、なぜ陰謀論が社会を席巻するのかを理解する上で重要である。

論理的であると思われているエリートが陰謀論にはまってしまうのはなぜなのか。大治は、専門誌『外交』に掲載されたディスインフォメーションをめぐる本稿筆者との対談の中で、次のように答えている。「人が陰謀論を信じるのは、（中略）論理科学モードになっているときが危ないのです。（中略）、「何事にも解があるはずだ」と論理モードの思考になったとき、陰謀論が「わかりやすい答えを提示してくれた」と勘違いし、そこにはまってしまう」と述べている。論理モードの思考になったときに、単純な答えを求め、陰謀論を信じてしまう可能性がある、というのである。ただし、これには「脳が省エネモードでナマケモノであるときに論理思考をした場合」という留保条件がつく。最近の社会心理学の研究では、熟慮的思考が陰謀論信念を抑制することが分かってきているからである。

陰謀論信念に関する社会心理学の最新の研究は、陰謀論信念を促進する要因として、①単純な陰謀論によって、複雑な現象を説明し、理解しようとする認識論的動機、②不安定な状況に対して、その理由を陰謀論に求める実存的動機、③自身の不遇な状況の原因を他人（陰謀論）に転嫁する社会的動機、の3つの要因があるとしている。陰謀論信念と思考について心理学的見地から研究を行った鹿児島大学の大薗博記准教授と昭和女子大学の榊原良太准教授は、学術誌「アプライド・コグニティブ・サイコロジー(応用認知心理学)」に掲載された論文の中で、批判的思考や科学的推論などの熟慮的思考が陰謀論信念とどのような関係にあるかについて、先に述べたGCBSを用いてオンライン上で行った調査（サンプル数937）の結果について発表している。大薗准教授と榊原准教授は、「熟慮的思考が陰謀論信念を抑制する効果があることが一貫して支持された」と結論づけている。大園准教授と榊原准教授の研究論文は、読売新聞にも取り上げられて報道され、分かりやすく解説されているので、一読をお勧めする。

「ディープ・ステート」に代表される「少数からなる秘密結社がこの世界の重要な方針を決

めている」という陰謀論を信じる人は、アメリカで4割、日本でも3割になる。これほど多くの人が陰謀論を信じ、陰謀論が社会に浸透するメカニズムは、これまで見てきたように我々の脳や認知・心理の構造に根ざしており、このような陰謀論が一定程度、社会を席巻することは不可避であると言えよう。

実は100年前の日本でも流布していた陰謀論

陰謀論に惹かれるメカニズムが、我々の脳や心理の構造的問題であるのならば、「ディープ・ステート」のような陰謀論の考え方は、我々人間社会に昔から存在していたはずである。アメリカで信じられている「ディープ・ステート」は、政府の一部とユダヤ系の巨大金融資本・産業界の一部が結託し、政府の中の政府を形成し、選挙で選ばれたリーダーシップに従わず、権力を行使しているという考え方である。これは、西欧社会で歴史的に繰り返されてきたユダヤ陰謀論と類似性が高い。日本でもユダヤ陰謀論が社会を席巻したのは、我々が思っているよりも古く、第一次世界大戦後に遡る。

明治維新から日露戦争までの明治時代の勃興期を題材とした司馬遼太郎の『坂の上の雲』(文春文庫)に描かれているように、日露戦争では4億5000万円と見積もられた戦費の

3分の1を外債での調達に頼った。日本政府は、約1億円（1000万ポンド）をロンドンで調達しようと試みたが、司馬の小説でも描かれているように、ヨーロッパの大国ロシア帝国と戦おうとするアジアの小国日本に対するイギリス金融界の風当たりは厳しく、イギリスに派遣された日本銀行副総裁の高橋是清は外債の引受先の交渉で辛酸をなめた。

最終的に、イギリス政府の意向を受けた香港上海銀行ロンドン支店長のユーウェン・キャメロンがパース銀行（現ロイヤル・バンク・オブ・スコットランド〈RBS〉）とシンジケートを組成して500万ポンドの公債を引き受け、残りの500万ポンドは、アメリカの銀行家でユダヤ人であったジェイコブ・シフが引き受けた。さらにシフは、日本政府が追加で発行した戦時国債7200万ポンドの引き受けも、ユダヤ系金融機関とのシンジケートを組成して実行している。日露戦争における日本の勝利は、このようなアメリカ・ユダヤ系金融機関に負うところが大きかったが、シフが日本への融資を行った理由は、ロシア帝国の反ユダヤ主義に対する報復であったとシフ自身は述べている。

だが、その後の第一次世界大戦と革命でロシア帝国が崩壊すると、この日露戦争に対するアメリカ・ユダヤ系金融機関による支援から十数年も経たないうちに、ユダヤ陰謀論が日本に登場している。これは、20世紀版の「ディープ・ステート」論とでも言うべきものなのだが、その内容は、「日露戦争はユダヤ人が日本の武力を利用してロシア帝国を倒そうとした計画であり、ロシア帝国が崩壊した今、日本が標的になる」という突拍子もないものであった。ロシアにおけるユダヤ人の歴史を研究している立教大学の高尾千津子研究員（当時）は、このようなユダヤ陰謀論が第一次大戦後の日本に現れた理由として、20世紀初頭に捏造された『シオン賢者の議定書』が、１９１９年頃、日本陸軍のインテリジェンス関係者によって日本に紹介されたことがきっかけであると指摘している。ユダヤ陰謀論の基になった『シオン賢者の議定書』は、19世紀末にロシア帝国の内務省警察によって、ヨーロッパの反ユダヤ主義を扇動するために捏造されたと言われている。その議定書の内容は、「神に選ばれた選民であるユダヤ人が非ユダヤ人を支配してユダヤ教に世界を従わせる」という陰謀論であり、実際にヨーロッパにおける反ユダヤ主義の勃興に大きな影響を与えた。

この20世紀版の「ディープ・ステート」論と、ウクライナ戦争の原因という21世紀版の「ディープ・ステート」論ともに、ロシアの情報機関が流布に関わっているというのは、偶然の一致なのだろうか。

2 陰謀論が社会・外交・安全保障を脅かす

細分化される情報空間

陰謀論やディスインフォメーションが日本を含む欧米民主主義を席巻する理由の一つとして、中国やロシアによる認知戦・情報戦といった情報操作型サイバー攻撃が西側の認知空間に対して行われ、外国からのディスインフォメーションが情報空間で増加していることが挙げられる。また、外国からのディスインフォメーションが流布しやすい要因として、SNSの普及による情報空間のクラスタ化や社会の分断がある。

2016年のアメリカ大統領選挙では、ロシアによるSNSを用いた情報操作型のサイバー攻撃が効力を発揮したが、その原因として、アメリカでは既存のメディアに代わってSNSがニュースの入手経路として主要な手段となっていることが指摘されている。アメリカの調査機関「ピュー研究所」による2016年時点の調査では、約4割のアメリカ人がソーシャル・メディアなどのオンライン経由でニュースを見ていた。ニュースを得る主なソース（複数回答）として、65歳以上のアメリカ人がテレビ（85％）、新聞（48％）と答えているのに対して、29歳以下ではテレビ（27％）、新聞（5％）、オンライン経由（50％）となっている。関心のあるニュースについては、SNS経由で知人や家族から入手していると答える比率が高く、若年層では、既存のメディアへの信頼度が10％と極端に低くなっていた。

また、日本と異なり、全国紙がほとんど流通していないアメリカでは、全国的なニュースを伝達する媒体は、3大ネットワークであるNBC、CBS、ABCといったテレビ局である。だがSNSが普及する中で3大ネットワークの視聴率も低下し、アメリカ人のニュース入手先の断片化が進展していた。

ナラティブで社会の安定を侵食する陰謀論

このようなアメリカの情報空間のクラスタ化による社会の脆弱性に気づき、ロシアはこれをいち早く利用した。ロシアによる情報操作型のサイバー攻撃は、自国の戦略的優位性を確保するために、敵対する社会体制の情報心理領域をコントロールすることを目的としている。その特徴は、①相手社会が内包する矛盾を見極め、②その矛盾をフェイクニュースなどの手段を用いて増幅し、③亀裂拡大により相手を自滅に追い込む、という点にある。

ロシアは、情報操作型のサイバー攻撃を行うに当たって、認知反応のメカニズムを利用している。「反射制御」と言われるこのメカニズムは、相手の中長期の記憶に働きかけ、人間の認知領域における「刺激—反応」からなる反射サイクルをコントロールし、相手が自らの自由意志に基づいて行動しているかのように誤認させ、自身に有利な相手の意思決定や反応を導く、というものである。反応を生成するため、視覚や聴覚といった直接的な感覚にディスインフォメーションをインプットするだけでなく、ナラティブを通じて過去の記憶に基づく潜在意識にも働きかけ、個人の認知領域の中で生み出される現実の解釈に影響を与え、攻撃の所与の目的である結果を引き出そうとする。

本章で見てきた陰謀論や「ディープ・ステート」といった少数の人間が世の中を支配しているという見方は、ロシアが他国を弱体化させるために好んで利用するナラティブであり、移民問題、人種差別、都市と地方、エリートと労働者の経済格差など、社会が長期にわたって抱えている社会問題による対立を深刻化させようとする。また、「ディープ・ステート」のような陰謀論を用いたディスインフォメーションは、時に同盟関係の信頼性を損なう事態まで引き起こし得る。このような情報操作型のサイバー攻撃は、民主主義システムへの信頼や国家・社会の統合の安定まで脅かす危険性があり、外交・安全保障上、看過できない問題となっている。

ウクライナ経済復興推進会議をめぐるディスインフォメーションとサイバー攻撃

次に、日本のSNS空間で起きている外交・安全保障を脅かす陰謀論の流布の事例を見ていきたい。

ウクライナ戦争開戦から2年を前にした2024年2月19日、東京でウクライナ経済復興推進会議が開催された。日本から岸田文雄首相をはじめとする政府機関、国際協力機構（JICA）、日本貿易振興機構（JETRO）、国際協力銀行（JBIC）などの独立行政法人、民間企業が参加し、ウクライナからデニス・シュミハリ首相を代表とするウクライナ政府機関、国際機関、ウクライナ経済団体、企業が参加し、日ウクライナ両首脳のコミュニケとともに56本の協力文書が署名された。

経済支援のための国際会議と言えば、どのぐらいの規模の支援を行うのか、が最も注目される。ウクライナの復興をめぐっては、2023年6月にロンドンで60カ国超の国、国際機関が参加し行われた「ウクライナ復興会議」では、国連や世界銀行が2023年3月時点でウクライナ復興に必要と試算する4110億ドル（約58兆円）に対して、各国から600億

図2　ウクライナ復興会議の際に拡散された偽写真

（出所：eStar2023「この一枚が、すべてを語っています💢」2024年2月12日、10時26分、https://x.com/decopin29/status/1756852170933318052）

ドルの支援の表明があった。しかし、日本で開かれたウクライナ経済復興推進会議は、コミュニケや報道発表において、日本の支援額が一切言及されないという、異例のものとなった。

なぜ支援額が明示されなかったのか。その理由は、会議直前に、日本がウクライナ支援に拠出する支援額について、情報空間でディスインフォメーションが飛び交っていたからである。日本の支援額が莫大になるという真偽不明の情報がＳＮＳで流され、経済復興推進会議の１週間前から、２種類のディスインフォメーションが集中的にＸ上で拡散されていた。

その一つは、「アメリカのヌーランド国務次官が岸田首相にウクライナ復興にもっと資金を出すように圧力をかけている」とする偽の写真（前頁図２）である。本来この写真は、２０２２年４月に行われた、ヌーランド国務次官（右から２人目）らアメリカ政府高官とブラジルのカルロス・フランサ外相の会談を撮影したものだったが、フランサ外相の箇所が岸田首相の写真に差し替えられている。この合成された偽の写真は、２月13日から14日にかけてＸ上で急速に拡散した。ＳＮＳデータベースで、Ｘ上で「ヌーランド」「岸田」という語とイメージが添付されている２月１日から28日にかけての投稿を検索すると、図３のように２月12日に広く偽画像が拡散していることが分かる。２月の１カ月間で、エンゲージ数が２０００件強、推定表示数は１カ月で16万９０００件に上る。

図3　偽写真とともに拡散されたディスインフォメーション

2024年2月における、「ヌーランド」「岸田」が入ったX投稿のエンゲージメント数の推移

偽写真が添付された、「ヌーランド」「岸田」が入ったX投稿の一例

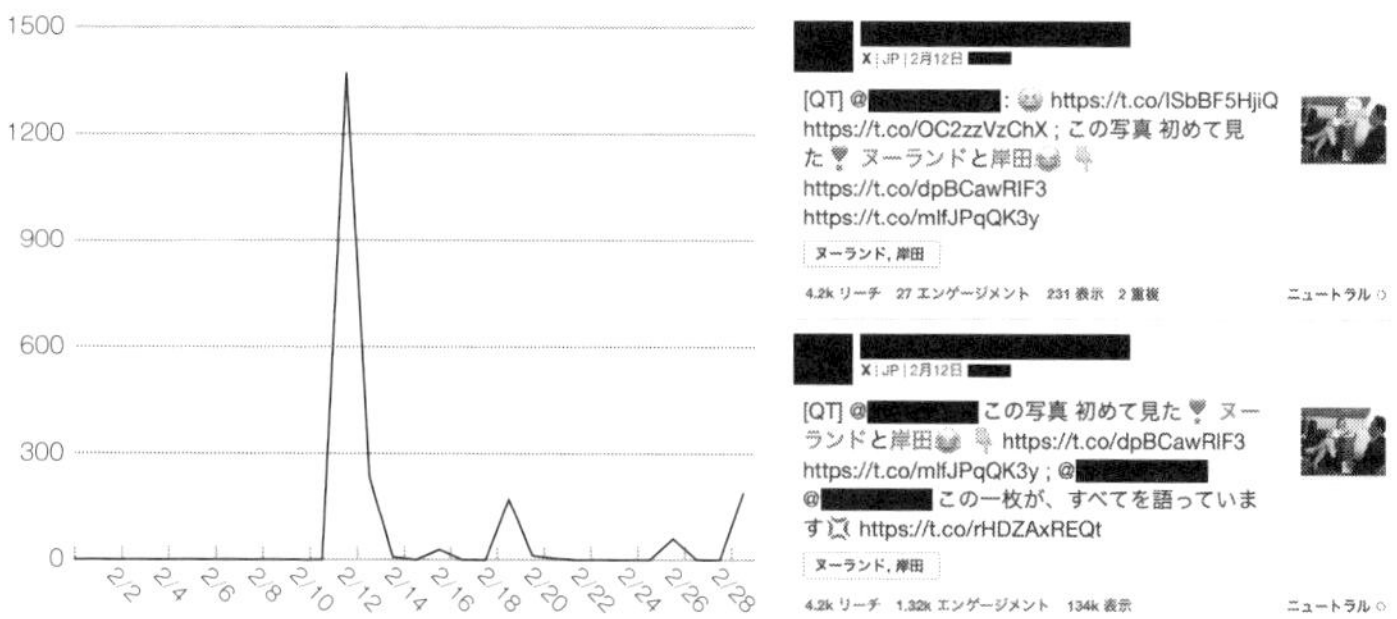

（出所：Meltwater社データベース検索結果より。ウェッジにてX投稿の一部を黒塗り加工）

また、もう一つのディスインフォメーションは、「岸田首相がバイデン大統領に命令されて、ウクライナ支援に50兆円を支出することを決め、増税が行われる」というものである。このディスインフォメーションは1月末頃からX上に現れたが、図4の通り復興推進会議の1週間前の2月10日から11日にかけて急速にX上で拡散された。こちらの方が具体的な金額が出ているためインパクトが大きく、エンゲージメント数は2月末までの約1カ月で11万1000件となり、表示件数は490万件であった。

ヌーランド国務次官が2014年のクリミア併合時にヨーロッパ担当の国務次官補を務めており、トランプ政権の一時期を除いて、アメリカ国務省でウクライナを含むヨーロッパ・ユーラシア諸国外交を担当していたことを知る人は少ないであろう。先に述べたように、「ディープ・ステート」がウクライナ戦争を起こしたと考える陰謀論を信じる人々の間では、ヌーランドは「ディープ・ステート」のナンバー2であるとされており、その文脈でウクライナ経済復興推進会議をめぐるディスインフォメーションの事例を見れば、ヌーランド国務次官と岸田首相の偽写真が、陰謀論の文脈で作成されていることが分かる。

この2つのディスインフォメーションの拡散の背後に、ロシアないし親ロシア派の関与があったか否かは現時点では特定できていないが、タイムラインから日・ウクライナ経済復興推進会議が標的であったことが強く疑われるディスインフォメーション拡散であった。復興

図4　具体的な数字が入ったディスインフォメーションはより拡散した

2024年1月から2月における、「ウクライナ」「50兆円」が入ったX投稿のエンゲージメント数の推移

「ウクライナ」「50兆円」が入ったX投稿の一例

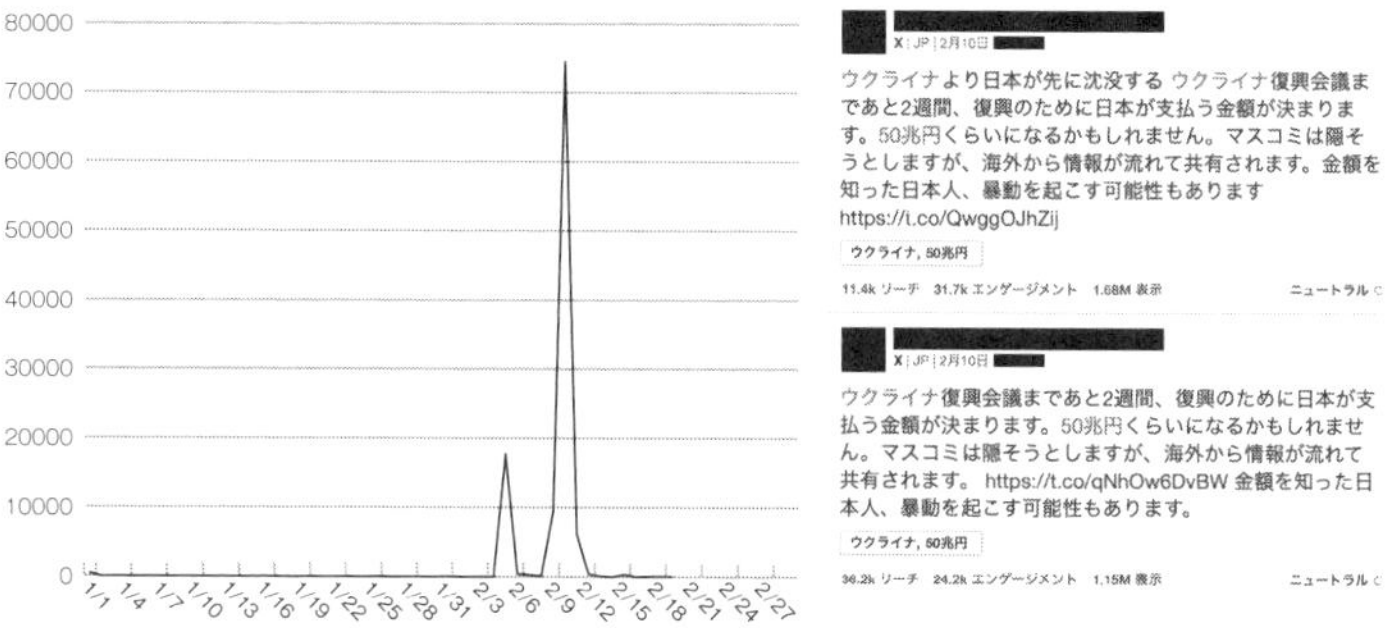

（出所：Meltwater社データベース検索結果より。ウェッジにてX投稿の一部を黒塗り加工）

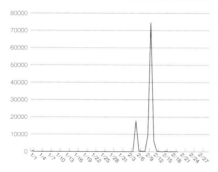

会議直後には、「ウクライナ支援に6000億円！」「能登半島地震には43億円」と政府を非難する投稿も相次ぎ、与党議員にも支援者からの非難が相次いだことから、ウクライナへの支援金額を具体的に示すことを日本政府がためらったと考えられる。陰謀論を端緒とするディスインフォメーションの流布は、SNSの影響力を通じて、今や日本の外交・安全保障にも大きな影響を与えるようになっている。

アメリカの信用失墜・同盟関係弱体化を狙う陰謀論

2024年は世界的な選挙イヤーで、アメリカやロシアの大統領選挙をはじめとして、世界約40の国・地域で選挙が行われた。2024年1月の台湾の総統選挙では、選挙に影響を与えることを目的として、中国からと見られるディスインフォメーションの流布が2023年から観測されている。

2018年に設立された台湾ファクトチェックセンターの調査によれば、このようなディスインフォメーションの流布は、いくつかのナラティブの中で拡大されているという。そのうちの一つが、台湾の安全保障に直結する台湾海峡の軍事的危機に関する一連のナラティブである。そしてもう一つが、「アメリカは台湾を守りに来ない」というナラティブである。

一例として、「中国海軍の空母山東が台湾東部海域に入った日、アメリカはニミッツ空母打撃群に直ちに全速力で日本に向かって退却するよう命令した」というオーストラリアのニュースサイトの引用を騙るディスインフォメーションがフェイスブックに投稿された、と台湾ファクトチェックセンターは指摘している。

このようなナラティブの中に、アメリカの信用を貶めることを企図したものが存在する。台湾で流れている例としては、「台湾関係法改定でアメリカ軍は台湾に来援しない」、「台湾積体電路製造（TSMC）を潰すとアメリカのジャネット・イエレン財務長官が発言した」というディスインフォメーションがある。これらは同盟国アメリカの信用を失墜させ、同盟関係に楔を打ち込むことを企図していると考えられる。陰謀論との関係では、「アメリカは台湾国内で生物兵器の開発を望んでいる」という偽ニュースもあった。このニュースは、ある台湾メディアの「アメリカが台湾国防部所属の予防医学研究所にP4実験室の投資と建設を要請し、秘密裏にウイルスの研究開発能力を確立し、生物兵器の開発を行う」というディスインフォメーションがきっかけであった。

これと同様のディスインフォメーションは、韓国でも観測されている。韓国国家情報院は、2023年11月の報告書の中で、「ソウル・プレス」、「釜山オンライン」、「大邱ジャーナル」、「忠清道タイムズ」など、あたかも正規の韓国メディアであるかのように偽装した中国企業が運営する38の偽ニュースサイトが発見され、「アメリカが新型コロナウイルスの実験を韓国国内で実施している」とのディスインフォメーションがこれらのサイトから流布されている、と指摘した。これらの偽ウェブサイトの背後にいる存在としてハイマイ（Haimai）、ハイシュン（Haixun）、ワールド・ニュースワイヤー（World Newswire）という3つの中国企業を韓国国家情報院が特定したという。

日本でも韓国と同様の偽ニュースサイトが見つかっている。カナダのトロント大学の研究機関「シチズンラボ」は、中国企業が日本を含む世界約30カ国で地元メディアを装った偽ニュースサイトを123（日本語サイトは15）運営し、中国に好意的な情報を発信しているとの報告書を公表した。中国政府の主張に沿ったニュースを紛れ込ませるのが主な手法で、シチズンラボは、これを「ペーパーウォール」作戦と名づけているが、これらのウェブサイトに掲載されている政治的なディスインフォメーションとして、アメリカのイメージ低下を狙い「アメリカが東アジア諸国の住民に対して生物学的実験を行っている」という陰謀論が掲載されている、と分析している。

シチズンラボが発見した偽ニュースサイト以外にも、読売新聞が2024年11月5日の朝刊一面で報じたように、実在する日本の主要メディアを模した偽サイトが2024年に入ってから立ち上げられており、その数は20サイトに上る。広範な認知戦・情報戦の準備が行わ

表1　メディアを装った日本語の偽ニュースサイト
（筆者注：アクセスは推奨されない）

東海通信	dy-press[.]com
富士山時刻	fujiyamatimes[.]com
今日の福井	fukuitoday[.]com
福岡新聞	fukuoka-ken[.]com
銀座デイリー	ginzadaily[.]com
北海道トラベルネット	hokkaidotr[.]com
神奈川新聞	kanagawa-ken[.]com
明治発展日報	meiji-mura[.]com
霓虹にほん	nihondaily[.]com
日光新聞	nikkonews[.]com
埼玉ネット	saitama-ken[.]com
仙台新聞	sendaishimbun[.]com
徳島オンライン	tokushima-ken[.]com
TKBER	tokyobuilder[.]com
YAMATOCORE	yamatocore[.]com

（出所：The Citizen Lab. "PAPERWALL: Chinese Websites Posing as Local News Outlets Target Global Audiences with Pro-Beijing Content." 7 February 2024. https://citizenlab.ca/2024/02/paperwall-chinese-websites-posing-as- local-news-outlets-with-pro-beijing-content/)

れているのではないかと疑わざるを得ない。

福島処理水のディスインフォメーション拡散を防いだ外務省

日本は外国勢力によるディスインフォメーション流布の前に完全に無力とも言えない。日本政府にはディスインフォメーションの拡散を撃退した成功体験がある。２０２３年に起きた福島第一原発の多核種除去設備（ＡＬＰＳ）処理水をめぐる中国からのディスインフォメーション拡散への対応である。

２０１１年３月11日の東日本大震災による被災で原子力事故が起きた福島第一原発では、原子炉格納容器を冷却するために使用された放射性物質を含んだ水を、トリチウム以外の放射性物質を国際的な安全基準まで取り除くＡＬＰＳによって処理し、処理後の水を貯蔵していたが、タンク容量に限界が来たことから、国際原子力機関（ＩＡＥＡ）の調査結果を踏まえて安全性を確認した上で、２０２３年８月24日から海洋放出を行った。

中国は、２０２３年７月18日の同国の全国生態環境保護会議における習近平主席の「核・放射線の安全などを真剣に守り」という発言をきっかけに、処理水の放出に激しく反発するようになった。ＡＬＰＳ処理水を「核汚染水」として、その放出は「海洋環境の安全や人類の命と健康にかかわる」（王毅政治局委員）として、大規模な外交攻勢・宣伝攻勢を行った。

これと相前後して、SNS空間ではさまざまなディスインフォメーションが飛び交い始めた。8月14日午後には、韓国のインターネットメディアが「処理水の放射能濃度が基準を大幅に超過」している旨を報告する日本外務省の公電という文章をユーチューブに掲載した。この文章は、本物の公電の書式をそっくり真似た偽造文書であった。これに対して、外務省は事実無根であるという反論をその日のうちに日本語・英語で掲載し、報道発表を行った。このような素早いディスインフォメーションへの対応以外にも、処理水の安全性についてのXへの投稿やユーチューブへの英語の動画のアップロードを行い、英語の動画は1年間で535万回再生されるなど、ディスインフォメーション流布を防ぐ環境作りを積極的に行っている。

その後も福島の処理水をめぐっては、「放出された処理水が太平洋中に拡散」「放射能により巨大化した海洋生物が発見」「処理水で魚が大量死」などの中国語や英語のディスインフォメーションがSNS空間で次々拡散されたが、いずれも大きな影響を及ぼす事態になっていないのは、外務省によるディスインフォメーションのモニタリング、積極的な事前広報と素早いディスインフォメーション対応が功を奏していると言えよう。

日本における脅威は増大し続ける

ＡＬＰＳ処理水のような成功例はあるものの、日本ではディスインフォメーション対策に関わる体制・法整備は、さまざまな点で立ち遅れている。２０２２年12月に改定された国家安全保障戦略では、ウクライナ戦争での情報戦・サイバー戦を含むハイブリッド戦争の様相を踏まえ、認知戦・情報戦への対応に関して、「偽情報等の拡散を含め、認知領域における情報戦への対応能力を強化する」との文言が盛り込まれた。

日本では、総務省の調査でも既存のメディアへの国民の信頼度がまだ高く、20代でも新聞の信頼度は50・2％と高い値を維持しているので、アメリカのような情報空間のクラスタ化や分断はまだそれほど進んでいないと言えよう。しかしながら、若年層のＳＮＳ依存度は徐々に高まってきており、国際大学グローバル・コミュニケーション・センターが行った調査（サンプル数５０００）では、ＳＮＳや動画共有サービス、メッセージアプリで流れてくる情報を信頼している割合は、60代ではおよそ20％であるのに対して、10代や20代ではおよそ50％に上る。

外国からのディスインフォメーションの脅威はこれから増大していくと考えられ、今後の環境の変化を見据えて、情報操作型サイバー攻撃への対応体制を早めに構築しておく必要がある。まず早急に、外国からのディスインフォメーションの状況把握をするための情報収集センターを設置し、モニタリングと分析を行う必要がある。また、外国からの情報操作型攻撃に対して、能動的サイバー防御（ＡＣＤ）を行える体制を整備し、攻撃に対処するオペレーションを実施する必要がある。さらに、認知戦への抵抗力を国民が獲得するためにも、メディアリテラシー環境とファクトチェック体制を整備し、外部からの影響力工作に抗堪性のある国民意識を醸成することも求められる。

筆者は、外国からの情報操作型サイバー攻撃を検討するため、２０１９年に「サイバーフェイクニュース研究会」を笹川平和財団において立ち上げ、３年間の専門家による議論を経て、２０２２年2月に、外国からの情報操作や民主主義への干渉に対処するための体制整備や法改正を行うべき、とする政策提言「外国からのディスインフォメーションに備えを！」を発表した。本章では紙幅の関係もあるため、詳しく知りたい読者の方は、巻末参考文献リストに記した同提言も合わせてお読みいただきたい。

本章の執筆にあたっては、令和6年度外務省外交・安全保障調査研究事業費補助金「情報戦の状況把握と効果的な対応策／国際連携に関する調査研究」事業によるデータ分析の研究成果を利用した。

1　ユーチューブれいわ新選組ユニバーサルデザインチャンネル「字幕入り【山本太郎 in JAZZ LIVE SHOW #2】ゲスト：伊勢崎 賢治 氏」2022年3月3日、34分52秒から35分05秒。https://www.youtube.com/watch?v=NJQtiY8Ph8A

2　馬渕睦夫『ディープステート—世界を操るのは誰か』ワック、2023年、4頁。

3　副島隆彦『プーチンを罠に嵌め、策略に陥れた英米ディープステートはウクライナ戦争を第3次世界大戦にする』秀和システム、2022年、104頁

4　副島、同右、108頁。

おわりに

本書では、認知戦というスコープを通じて、安全保障の観点から陰謀論の分析を行った。本邦ではこれまで、陰謀論は政治学や社会学、歴史学を中心とした研究テーマであり、安全保障という横串を通して陰謀論を議論することは、恐らく本邦初の試みであったのではないだろうか。陰謀論が現在の認知戦において武器化されている現状に警鐘を鳴らすべく、特に事例分析では選挙に関連した事例や体制破壊的な行動に至った事例を取り上げ、各国の民主主義的プロセスや国家の意思決定に影響が及んでいることを議論した。

第1章では、アメリカ大統領選挙における陰謀論の脅威とQアノンを中心とした陰謀論をめぐる運動の情勢を整理し、第2章では、諸外国の中で特に脅威と思われる事例を取り上げた。さらに2章後半では、認知戦の様相を整理しつつ、その中でいかに陰謀論が武器化されているかという構造を整理した。続く第3章では、安全保障上の懸念国である中国とロシアを中心に、その情報戦・認知戦の戦略を分析している。そして最後の第4章では、日本国内での陰謀論の拡がりに焦点を当て、こうした陰謀論がいかにして外交関係や同盟関係を毀損し、我が国の安全保障を脅かして潜在的な脅威となっているかを示した。

このように本書は、認知領域という新たな戦闘領域における陰謀論の脅威に着目し、現在の脅威の様相を描出し分析することに注力したものである。この点、陰謀論にどう備えるのか、情報戦や認知戦の対策への言及が不十分ではないかという指摘もあろう。ついては、本書の終わりに、陰謀論への備えとそれに伴う読者への警鐘に触れて結びに代えることとしたい。

武器化される陰謀論にどう対抗するか

第2章で議論した通り、サイバー空間における影響力工作では、ディスインフォメーション（偽情報）や陰謀論が武器化され、情報操作型サイバー攻撃の一環として利用されている。そのため、これらに対抗するためには、まずはサイバー安全保障の確保が必要となり、サイバーセキュリティと一体的な対策を打ち出す必要がある。2022年に笹川平和財団が発行した政策提言「外国からのディスインフォメーションに備えを！〜サイバー空間の情報操作の脅威～」では、諸外国の対策状況を参考として、ディスインフォメーション対策を行う情報収集センターの設置、事後制裁および国際法上許容される対抗措置を行うことを可能にする法律の制定、選挙インフラを重要インフラに指定、情報操作型サイバー攻撃に対する能動的サイバー防御（ACD）実施体制の整備、政府とプラットフォーマーによる協同規制の取り組みと行動規範の策定の推進、リテラシー教育環境の拡充といった政策が提言されていることは一つの指針となるだろう。

すでにACDについては「サイバー安全保障分野での対応能力の向上に向けた有識者会議」にて法整備の議論が進んでおり、機能破壊型や情報窃取型だけでなく、情報操作型サイバー攻撃への対処も期待されるところである。プラットフォーマーとの協同という点では、例えば、ディスインフォメーションを拡散するボットアカウントの凍結、ヨーロッパ連合（EU）を参考にロシア国営メディアのスプートニクやRTなど特定のナラティブ（物語）を拡散するメディアアカウントの活動制限、LINEなどメッセンジャータイプのSNSを利用したファクトチェックへのアクセス確保、ディスインフォメーションを含むコンテンツや発信者のラベリング（虚偽や有害性のラベル表示）などの先例があり、我が国でも取り入れられる点はあると考えられる。

リテラシー環境の改善については、これまでメディアリテラシーを中心に進められてきた対策について、安全保障やサイバーセキュリティの観点も織り込んだ、サイバーリテラシーへの転換が求められる。具体的には、プレバンキング（事前暴露）の発信強化、政府によるファクトの発信強化と民間も包摂したファクトチェック環境の整備、ディスインフォメーション対策の公教育への導入などが考えられる。特に陰謀論者に関しては体制側の発信が信用されにくいため、メディアや民間団体との連携、投資が必要となる。ＥＵでは、若者に対するディスインフォメーションの接し方を指導するウェブコーチの育成やソーシャルワーカーに対するハンドブックの作成なども行っている。

一方で、これらの対策には注意すべき観点もある。大阪経済大学の秦正樹准教授の調査によれば、単なる政治知識の涵養では陰謀論の防波堤にならず、むしろ陰謀論を信じやすくなってしまうという結果が出ている。さらには、蔓延するディスインフォメーションへの注意喚起やフェイクの見破り方ばかり伝えることは、情報そのものへの不信感を高めてしまうという批判もあり、信頼できるニュースや情報源のアクセス方法を第一義的に教えることが有効という研究もある。こうした関連研究から、ディスインフォメーションや陰謀論に接する機会が増えるだけになってしまうような発信、教育にならないよう、対策コンテンツには吟味が必要である。また、ロシアが近年行っている「オペレーション・オーバーロード」では、ディスインフォメーションを拡散しつつ自らファクトチェッカーにも通報を行うことで、そのディスインフォメーションの露出を増やし、結果的にそのナラティブに親和的な層に情報を拡散し、同時にディスインフォメーションの増加をアピールすることで社会不安を煽る、といったファクトチェックの悪用が見られる。そのため、対策としてファクトチェックを活用する際には、過剰な警鐘とならないようなバランスある発信が求められる点にも注意が必要である。

また、陰謀論と極右過激主義の脅威を分析したEUのヨーロッパ委員会の報告書では、対象者の陰謀論信奉の度合いによって、対策を変えることが推奨されている。陰謀論に対してある程度否定的、半信半疑のレベル、もしくは部分的にのみ陰謀論を採用しているレベルの場合は、前述のような対策で問題ないが、慢性的に陰謀論に傾倒している人々に対しては、ファクトの提示や反論のような手法はむしろ相手の陰謀論的思想を強固にしてしまうことが指摘されている。そのため、次のような4つの対応が推奨されている。

・信頼できるメッセンジャーを用意する……過去に陰謀論者や過激派だった人は、対抗メッセージの作成と拡散に役立つ可能性がある。
・共感を示す……陰謀論者への理解を深めることは、彼らのオープンマインド（価値観の異なる意見を否定せず受け入れられる姿勢）を育てるのに役立つ。

・批判的思考を肯定する……陰謀論者が持つ「自分は批判的思考をする人間だ」という認識を利用し、彼らのアプローチをより信頼できる情報源や分析に誘導する。

・嘲笑を避ける……彼らの議論を嘲笑したり、陰謀論を積極的に論破したりすることは、陰謀論に強く傾倒している人物には逆効果を生む可能性があり、避けるべきである。

これらは、カルト脱会のための対策にも類似している点があるが、心理行動学者であるブラッドレイ・フランクスは、陰謀論を既存の世界認識を脅かすような出来事を理解するための準宗教的装置と定義しており、このように陰謀論に宗教性を見出す理論からは、この類似性が説明できるだろう。

同報告書によれば、陰謀論は多くの場合、社会的、政治的、イデオロギー的、経済的問題を含む社会的不安感を反映している。そのため、陰謀論者が感じている不確実性、不信感、無力感、コントロールの欠如といった感情の原因となる、市民の社会経済的な生活条件を向上させることも根本的な解決のためのアプローチとなる。これにより陰謀論を通じて共鳴する不満と、陰謀論が増幅するような土壌を減失させることができる。

さらに新たな対策の動向として、有事のための机上演習やウォーゲームにおいて、ディスインフォメーションや陰謀論をシナリオとして取り入れるものが増えてきている。アメリカでは、退役軍人を中心としたコンサル団体「ヴェト・ヴォイス・ファウンデーション」が、2021年1月6日に起きた議事堂襲撃事件の再来に対応するためのウォーゲームを提供している。実際の事件の経過を元に作り出されたシナリオに従い、元政治家、外交官、情報アナリスト、軍人からなる超党派のグループは、大統領とそのアドバイザーに扮し、6時間以内に全面的な内戦を回避しなければならない。

この対処シナリオでは、現地で激化する暴動を鎮圧するだけでなく、オンライン上のディスインフォメーションに立ち向かい、国民へのファクトの提供、情報説明、適切な反論を行い、安全保障上の懸念とアメリカ連邦軍を出動させる場合の政治的影響とのバランスを取るなどといった演習要素が組み込まれている。

認知戦の時代をどう生き抜くか

戦略研究を専門とする政治学者のトマス・リッドは、著書の『アクティブ・メジャーズ』（作品社）の中で、「我々はディスインフォメーションの時代に生きている」という一節を残している。毎日肌身離さずスマートフォンを握りしめ、家庭や会社にはＩｏＴ機器が蔓延り、人間関係はＳＮＳに組み敷かれている現在、ＩＴ機器によるネットワークおよびデータ群と我々の認知領域を通じて、もはやサイバー空間と物理空間は完全に融合していると言って良いだろう。そして、そのサイバー空間はディスインフォメーションで溢れ、真なる情報もディスインフォメーションも包含して構築されるナラティブが浸透し、そのナラティブに我々は刺激を受け、時にはその扇情的な物語に突き動かされながら日常生活を送っている。

これをリッドは「ディスインフォメーションの時代」と表現したが、ディスインフォメーションは誤情報とは違い、悪意ある攻撃者が存在することを考えれば、これはもはや「認知戦の時代」と言っても過言ではない。誰が、何のためにディスインフォメーションを流し、戦略的なナラティブを構築し、我々の認知を操作しようとしているのかといった問題を突き詰めれば、個々のディスインフォメーションではなく、混沌としたサイバー空間の戦闘様相そのものに目を向けるべきだろう。

情報戦や認知戦は、平時から始まっている。そして、我々一人ひとりが攻撃対象となる認知戦においては、インターネットに接続し得るすべての人間がその戦場に立っている。陸、海、空の伝統的な安全保障の戦場とは違い、兵士だけでなく今や一般市民が戦場に立たされているのだ。この戦場において、ディスインフォメーションや陰謀論は砲弾でありミサイルであり戦車である。私が、あなたが、あなたの友人や知人が拡散した情報が、増幅されて情報という名の砲弾の雨となって我が国を攻撃するかもしれない。政治家が命令し、兵士が戦場に送られ、無辜の民が犠牲になる、といったステレオタイプの戦争イメージはもはや通用しない。サイバー空間に接続した生活をしている市民全員が当事者である。認知戦の時代である現代では、そのような危機感を持つ必要があるだろう。

しかし、これだけの情報過多の時代に、すべての情報をファクトチェックしながら生きていくことは難しい。プレバンキングとしてディスインフォメーションや陰謀論のパターン情報を学び、情報ソースやファクトチェック情報を確かめるリテラシーを養いつつ、不明確な情報は拡散しない。もし誤った情報を拡散してしまった場合は、速やかに削除訂正を行う。偽・誤情報を見かけた場合は、余力があれば反論したり訂正を呼びかけたりといった働きかけを行う。自身で判断できない情報に出会ったとき、立ち止まり保留する勇気を持つ。日々の生活で負担のない範囲でこのような姿勢を心がけるだけでも、それがあなたの身の回りの大事な人たちを守ることにつながる。ひいては、我が国のレジリエンス（抗堪性）を高めることにもなるだろう。

そして、本書で取り扱った内容に対して、これらを陰謀論呼ばわりするなんてとんでもない、といった反感から本書を手に取ってくださった方はいるだろうか。もしそうした方がいれば、あえて問いかけたい。

日本には思想信条の自由があり、あなたの思想や考えは否定されるものではない。ただ、それが何らかの形を成して公表されれば、科学や学術などの観点から批評、批判を受けることとなるだけで、内心の自由は当然に確保されるべきものだ。そしてあなたのその思想は、この国や社会、この世界を憂いているからこそのものだということも理解している。あなたから見れば、本書はいわゆる「西側の論理」「ディープ・ステート側の主張」に凝り固まったものに見えるだろう。

しかし、本書の目的はシンプルだ。いわゆる陰謀論とされるものを否定したいのではなく、他国からの干渉や情報操作を防ぎ、我々自身で意思決定ができる環境を取り戻すことだけである。我々国民自身の選択の結果であれば、むしろ言論空間の多様性は確保されるべきで、異なる意見の間での議論が生まれることこそ、我々の知識の醸成を促し、総体として思想の豊かさが育まれると考える。

もしその多様性の中で、いわゆる陰謀論と言われるものや、ヘイトピーチ、反知性的な言説が広がっていたなら、それはメディア政策や教育政策、科学政策などに対する我々有権者の選択の結果であり、我々自身が一定の責任を負うべきことである。しかし、ここに外国の干渉を許してしまうことは、我が国の主権が脅かされることであると考えられる。

本書の情勢分析や事例研究は、欧米を中心とした調査研究や報道を根拠としているため、「西側」の影響を受けている、だから信用できない、と考える向きもあるかと思うが、それならば、逆側の影響は排さなくて良いのだろうか。ディープ・ステートを倒すためなら、特定の国と結託するのだろうか。それとも、ディープ・ステートの手先となった政府がある日本は、もはやあなたにとって守るべき存在ではないのだろうか。そして、あなたはなぜその世界観を採用しているのか。相対性の関係でしかない国際場裡に対して、絶対的な正義や真理を追い求めるあなた個人の根源には何があるのか。あなたの思想の上では、本書の主張を受け入れることは難しいかもしれないが、本書を手に取ったことが少しだけ立ち止まって考える機会になれば幸いである。

日米2つの選挙を終えて

本稿は、10月の衆議院選挙、11月のアメリカ大統領選挙完了直後に執筆を終えている。衆議院選挙では、自民党の裏金問題が一番の争点となっており、外交・安全保障で目立つトピックがなかったため、現時点では外国からの干渉として大きな動きは確認されていない。中露メディアによる自民党への批判的な記事展開や、中国政府要人によるれいわ新選組への言及などは見られたが、いずれも論評の域を出ていない。自民党の裏金問題に関するネガティブキャンペーンも、選挙期間中の赤旗の報道が後押しするなど、共産党を中心とした左派勢力からの影響が大きいと考えられる。

一方で、アメリカ大統領選挙については、選挙期間前からマイクロソフト社などのプラットフォーマーやシンクタンクのレポートなどで、中露イランの影響力工作の激化が指摘されている。投票日前日には、国家情報長官室（ＯＤＮＩ）、連邦捜査局（ＦＢＩ）、サイバーセキュリティ・インフラセキュリティ庁（ＣＩＳＡ）は共同声明を発表し、選挙干渉の中でもロシアからの工作が最大の脅威となっており、ロシアは特に選挙不正陰謀論を悪用し増幅していることを指摘し警鐘を鳴らした。

選挙結果はドナルド・トランプの勝利に終わり、事前に懸念されていた大きな暴動などは杞憂に終わったが、選挙不正やディープ・ステート陰謀論の最大の発信源でもあるトランプが政権の座についたことで、これらの信奉者たちも勢いづいているところとなっている。今後、アメリカ国内の民主主義がどのような動きを見せるのか、また外国からの影響力工作の一環としての陰謀論の流布とどのように合流してしまうのか、現状では予測が難しいところではあるが、日本と同じ自由民主主義の価値観が維持されることを望むばかりである。

今後、日本でも台湾有事が近づくにつれ、選挙などの民主主義的プロセスを中心に中露からの影響力工作はますます増加していくだろう。主な攻撃者はもちろん中国となるだろうが、第２章で述べた通り、２０２１年に中国とロシアはメディア協定を結んでおり、サイバー空間上でお互いのナラティブを増幅し合っている。中国だけでなく、ロシアへの警戒も怠ることはできない。このような情勢にあって、本書が我が国の新領域安全保障の一助となることを祈念する次第である。

最後に、本書執筆にあたり多くのサポートをいただいたウェッジ社および担当編集者である木寅雄斗氏に多大なる感謝を述べたい。このような新しいテーマに取り組む意欲的な姿勢により、私のような若手研究者に声をかけていただいたが、初の書籍執筆のため、手探りの点ばかりで本当に多くの迷惑をおかけした。安全保障分野に一石を投じる意義のため、忍耐強く対応してくださった同氏に深く御礼を申し上げる。

長迫智子

2024年12月

Security and Human Rights Monitor, 13 August 2019. https://www.shrmonitor.org/disinformation-and-human-cognition/

ODNI, FBI and CISA. "Joint ODNI, FBI, and CISA Statement." 4 November 2024. https://www.dni.gov/index.php/newsroom/press-releases/press-releases-2024/4015-pr-29-24

Rid, Thomas. *Active Measures: The Secret History of Disinformation and Political Warfare.* Farrar Straus & Giroux, 2020.

Roozenbeek, Jon, et al. "Psychological inoculation improves resilience against misinformation on social media." Science Advances, vol. 8, no. 34, 24 August 2022. https://www.science.org/doi/10.1126/sciadv.abo6254

おわりに（長迫智子）

笹川平和財団安全保障研究グループ『政策提言“ 外国からのディスインフォメーションに備えを!〜サイバー空間の情報操作の脅威〜 ”』2022年。https://www.spf.org/cyber/publications/20220207_cyber.html

秦正樹「「正しい知識」は防波堤になるか?」『中央公論』第135巻第5号、2021年5月、34〜41頁。

Atanasova, Aleksandra, et al. “Operation Overload.” Check First, 4 June 2024. https://checkfirst.network/wp-content/uploads/2024/06/Operation_Overload_WEB.pdf

Einav, Dan. “War Game TV review — gripping BBC doc simulates a fictional coup in America.” Financial Times, 3 October 2024. https://www.ft.com/content/76fc8e96-7a35-4889-bcbc-a81a0adcea96?FTCamp=engage/CAPI/website/Channel_ScoutAsia//B2B

Farinelli, Francesco. “Conspiracy theories and right-wing extremism – Insights and recommendations for P/CVE.” European Commission, 26 May 2021. https://home-affairs.ec.europa.eu/networks/radicalisation-awareness-network-ran/publications/conspiracy-theories-and-right-wing-extremism-insights-and-recommendations-pcve-2021_en

Franks Bradley, et al. “Conspiracy theories as quasi-religious mentality: an integrated account from cognitive science, social representations theory, and frame theory.” Frontiers in Psychology, 16 July 2013. https://www.frontiersin.org/journals/psychology/articles/10.3389/fpsyg.2013.00424/full

Hameleers, Michael. “Is the alarm on deception ringing too loudly? The effects of different forms of misinformation warnings on risk perceptions of misinformation exposure.” European Journal of Communication, 39(4), 2024. https://doi.org/10.1177/02673231241271015

Lewandowsky, Stephan. “Disinformation and human cognition.”

February 2022. http://en.kremlin.ru/events/president/news/67843

Lanza, Raimondo. "A state of mind: how conspiracy theories became the Kremlin's ideology." 4 April 2023. https://aspeniaonline.it/a-state-of-mind-how-conspiracy-theories-became-the-kremlins-ideology/

Ozono, Hiroki, and Ryota Sakakibara. "The moderating role of reflective thinking on personal factors affecting belief in conspiracy theories." *Applied Cognitive Psychology*, vol. 38, Issue 1, January/February 2024.

Pew Research Center. "The Modern News Consumer." 7 July 2016. https://www.pewresearch.org/wp-content/uploads/sites/20/2016/07/PJ_2016.07.07_Modern-News-Consumer_FINAL.pdf

Schiff, Jacob H. Our Journey to Japan. Forgotten Books, 2018.

Taiwan FactCheck Center. "[TFC Disinfo Detector] A brief review of disinformation spread during elections in Taiwan, 2020-2022 (Part II)." 13 November 2023. https://tfc-taiwan.org.tw/articles/9887

The Citizen Lab. "PAPERWALL: Chinese Websites Posing as Local News Outlets Target Global Audiences with Pro-Beijing Content." 7 February 2024. https://citizenlab.ca/2024/02/paperwall-chinese-websites-posing-as-local-news-outlets-with-pro-beijing-content/

Uscinski, Joseph E. *Conspiracy Theories: A Primer*. Rowman & Littlefield Pub Inc., 2020.（北村京子訳『陰謀論入門―誰が、なぜ信じるのか?』作品社、2022年）

Yonhap News. "Chinese firms operated 38 fake news websites in S. Korea: NIS." 13 November 2023. https://en.yna.co.kr/view/AEN20231113008800320

YouGov. "Which conspiracy theories do Americans believe?" 9 December 2023. https://today.yougov.com/politics/articles/48113-which-conspiracy-theories-do-americans-believe

高尾千津子「シベリア出兵と『シオン議定書』の伝播 1919—1922」『ユダヤ・イスラエル研究』第27巻、2013年。

内閣官房「国家安全保障戦略について」2022年12月。

秦正樹『陰謀論—民主主義を揺るがすメカニズム』中公新書、2022年。

ファーヒ ロバート「日本におけるポピュリズムと陰謀論の信念」『日本世論調査協会報「よろん」』第127巻、2021年、11~21頁。

台湾事實查核中心「【錯誤】網傳圖卡稱「澳洲新聞網站報導:山東艦航母進入台灣東部海域當天,美國立即下令尼米茲號航母全速開往日本方向撤退」?」事實查核報告#2312、2023年4月17日。https://tfc-taiwan.org.tw/articles/9036

台湾事實查核中心「【錯誤】網傳「美國在台灣要做生物戰劑研發,因為台灣人DNA可以代表全中國」、「榮總15萬血液樣本配合美國製造病毒滅絕中國人」?」事實查核報告#2512、2023年8月7日。https://tfc-taiwan.org.tw/articles/9438

Agenda 47. "President Trump's Plan to Dismantle the Deep State and Return Power to the American People." 21 March 2023. https://www.donaldjtrump.com/agenda47/agenda47-president-trumps-plan-to-dismantle-the-deep-state-and-return-power-to-the-american-people

Douglas, Karen M., et al. "Understanding Conspiracy Theories." *Advances in Political Psychology*, vol. 40, Suppl. 1, 2019, pp.3-35.

Hammes, T. X. "Game-changers: Implications of the Russo-Ukraine war for the future of ground warfare." *Issue Brief*, Atlantic Council, 3 April 2023. https://www.atlanticcouncil.org/in-depth-research-reports/issue-brief/game-changers-implications-of-the-russo-ukraine-war-for-the-future-of-ground-warfare/

Deutsche Welle. "Fact check: Russia's disinformation campaign targets NATO." 13 February 2023. https://www.dw.com/en/fact-check-russias-disinformation-campaign-targets-nato/a-64675398

Kremlin. "Address by the President of the Russian Federation." 24

第4章（大澤 淳）

大蔵省「第2章　日露戦争と大蔵省」『大蔵省史―明治・大正・昭和―』第1巻、1998年。https://www.mof.go.jp/pri/publication/mof_history/3ki_c2.pdf

大澤淳「サイバー情報操作の脅威から日本をどう守るのか」『中央公論』第127巻第6号、2022年4月、154〜161頁。

大澤淳「認知領域に対する情報操作型サイバー攻撃（情報戦）の脅威−民主主義を脅かすディスインフォメーション−」『治安フォーラム』第28巻第11号、2022年9月、49〜58頁。

大澤淳「挑戦を受ける選挙―社会の分裂と偽情報にどう立ち向かうか」『外交』第83巻、2024年1月、36〜41頁。

大澤淳「ハイブリッド戦争と認知領域の戦い」『戦略研究』第34巻、2024年3月、27〜40頁。

大澤淳、大治朋子、川口貴久「戦場はスマホの中に―「ナラティブ」が情報戦の最前線」『外交』第80巻、2023年7月、10〜21頁。

大治朋子『人を動かすナラティブ―なぜ、あの「語り」に惑わされるのか』毎日新聞出版、2023年。

国際大学グローバル・コミュニケーション・センター「偽・誤情報、ファクトチェック、教育啓発に関する調査研究」2024年4月。https://www.glocom.ac.jp/wp-content/uploads/2024/04/IN2024_report_fakenews_full.pdf

古和康行「「頭の良い人」は陰謀論にハマるか、学術誌に論文が掲載…「面白くない」研究結果は心理学者を奮い立たせた」読売新聞オンライン、2023年11月3日。https://www.yomiuri.co.jp/national/20231101-OYT1T50199/

笹川平和財団安全保障研究グループ『政策提言“外国からのディスインフォメーションに備えを!〜サイバー空間の情報操作の脅威〜”』2022年。https://www.spf.org/cyber/publications/20220207_cyber.htm

佐々木孝博『近未来戦の核心サイバー戦―情報大国ロシアの全貌』扶桑社、2021年。

エミール・シンプソン（吉田朋正訳、菊地茂雄監修）『21世紀の戦争と政治—戦場から理論へ』みすず書房、2024年。

ジム・スキアット（小金輝彦訳）『シャドウ・ウォー—中国・ロシアのハイブリッド戦争最前線』原書房、2020年。

ディーン・チェン（五味睦佳監訳、鬼塚隆志・木村初夫訳）『中国の情報化戦争—情報心理戦からサイバー戦、宇宙戦まで』原書房、2018年。

クライブ・ハミルトン（山岡鉄秀監訳、奥山真司訳）『目に見えぬ侵略—中国のオーストラリア支配計画』飛鳥新社、2020年。

ウイリアム・C・ハンナス、ジェームズ・マルヴィノン、アンナ・B・プイージ（玉置悟訳）『中国の産業スパイ網—世界の先進技術や軍事技術はこうして漁られている』草思社文庫、2020年。

エリオット・ヒギンズ（安原和見訳）『ベリングキャット—デジタルハンター、国家の嘘を暴く』筑摩書房、2022年。

廣瀬陽子『ハイブリッド戦争—ロシアの新しい国家戦略』講談社現代新書、2021年。

保坂三四郎『諜報国家ロシア—ソ連KGBからプーチンのFSB体制まで』中公新書、2023年。

ピーター・ポメランツェフ（築地誠子、竹田円訳）『嘘と拡散の世紀—「われわれ」と「彼ら」の情報戦争』原書房、2020年。

毎日新聞取材班『オシント新時代—ルポ・情報戦争』毎日新聞出版、2022年。

山田敏弘『プーチンと習近平　独裁者のサイバー戦争』文春新書、2022年。

読売新聞大阪本社社会部『情報パンデミック—あなたを惑わすものの正体』中央公論新社、2022年。

トマス・リッド（松浦俊輔訳）『アクティブ・メジャーズ—情報戦争の百年秘史』作品社、2021年。

Манойло, А. В., et al. "Операции информационно-психологической войны." Горячая линия - Телеком, 2018. p108-110.

※第2章においては、以下の拙稿を基に加筆修正を行っている。

長迫智子「認知領域の戦いにおける陰謀論の脅威—海外における体制破壊事案から日本における陰謀論情勢を考える」『笹川平和財団国際情報ネットワーク分析IINA』笹川平和財団、2023年7月19日。https://www.spf.org/iina/articles/nagasako_03.html

長迫智子「情報操作型サイバー攻撃の脅威(1)—ディスインフォメーションを利用した情報戦の現状と課題」『CISTEC Journal』第211号、2024年5月。https://www.cistec.or.jp/journal/page/2405index.html

長迫智子「情報操作型サイバー攻撃の脅威(2) —第6の戦場としての認知領域」『CISTEC Journal』第212号、2024年7月。https://www.cistec.or.jp/journal/page/2407index.html

第3章(小谷 賢)

飯塚恵子『ドキュメント誘導工作—情報操作の巧妙な罠』中公新書ラクレ、2019年。

小泉悠、桒原響子、小宮山功一朗『偽情報戦争—あなたの頭の中で起こる戦い』ウェッジ、2023年。

佐々木太郎『革命のインテリジェンス—ソ連の対外政治工作としての「影響力」工作』勁草書房、2016年。

スコット・ジャスパー(川村幸城訳)『ロシア・サイバー侵略—その傾向と対策』作品社、2023年。

P・W・シンガー、エマーソン・T・ブルッキング(小林由香利訳)『「いいね!」戦争—兵器化するソーシャルメディア』NHK出版、2019年。

csaf/CSAF_AFA_2017%20Air_Space_and_Cyber_Symposium.pdf

Uscinski, Joseph E. *Conspiracy Theories: A Primer*. The Rowman and Littlefield Pub Inc., 2020.

U. S. Department of Defense. "Directive 3600.01." 2 May 2013, p. 12.

Wardle, Claire, and Hossein Derakhshan. *Information Disorder: Toward an interdisciplinary framework for research and policy making*. Council of Europe, 2017.

Ward, Charlotte, and David Voas. "The Emergence of Conspirituality." Journal of Contemporary Religion, 26:1, 2011, pp.103-121. https://doi.org/10.1080/13537903.2011.539846

Wilmot, Claire. "Did Russian disinformation fuel the Southport protests?" The Bureau of Investigative Journalism, 2 August 2024. https://www.thebureauinvestigates.com/stories/2024-08-02/did-russian-disinformation-fuel-the-southport-protests/

Winter, Jana. "Exclusive: FBI Document Warns Conspiracy Theories Are a New Domestic Terrorism Threat." Yahoo! News, 2 August 2019. https://www.yahoo.com/news/fbi-documents-conspiracy-theories-terrorism-160000507.html

WHO. "Managing the COVID-19 infodemic: Promoting healthy behaviours and mitigating the harm from misinformation and disinformation." WHO, 23 September 2020. https://www.who.int/news/item/23-09-2020-managing-the-covid-19-infodemic-promoting-healthy-behaviours-and-mitigating-the-harm-from-misinformation-and-disinformation

Wuthnow, Joel, et al. "The PLA Beyond Borders: Chinese Military Operations in Regional and Global Context." National Defense University Press, 2021.

themessenger.com/grid/its-not-just-qanon-why-germany-is-a-hotbed-for-far-right-conspiracy-movements

Shen, Puma. "How China Initiates Information Operations Against Taiwan." Taiwan Strategists, December 2021. https://www.airitilibrary.com/Publication/alDetailedMesh?docid=P20220613001-202112-202206130009-202206130009-19-34

Shirreff, Lauren. "The obscure Russian-linked 'news' outlet fuelling violence on Britain's streets." The Telegraph, 3 August 2024. https://www.telegraph.co.uk/news/2024/08/03/obscure-russian-linked-news-outlet-fuelling-violence/

Spring, Marianna. "The real story of the news website accused of fuelling riots." BBC, 8 August 2024. https://www.bbc.com/news/articles/c5y38gjp4ygo

Sternberg, Robert J., and Karin Sternberg. "Cognitive psychology." Cengage Learning, 2016.

Süß, Sonja. "Ein Treffpunkt für die Verschwörungsszene." tagesschau, 9 February 2023. https://www.tagesschau.de/inland/gesellschaft/bhakti-marga-hessen-101.html

tagesschau. "AfD-Politikerin brachte "Reichsbürger" in Bundestag." 1 August 2023. https://www.tagesschau.de/inland/bgh-reichsbuerger-100.html

The Soufan Center. "QUANTIFYING THE Q CONSPIRACY: A Data-Driven Approach to Understanding the Threat Posed by Qanon." April 2021. https://thesoufancenter.org/wp-content/uploads/2021/04/TSC-White-Paper_QAnon_16April2021-final-1.pdf

U.S. Air Force. "Air Force Association 2017 Air, Space & Cyber Symposium Remarks by General David L. Goldfein U.S. Air Force Chief of Staff." 19 September 2017. https://www.af.mil/Portals/1/documents/

Office of the Director of National Intelligence. "Assessing Russian Activities and Intentions in Recent US Elections. " 2017.

Office of the Director of National Intelligence. "Domestic Violent Extremism Poses Heightened Threat in 2021." 17 March 2021. https://www.dhs.gov/publication/domestic-violent-extremism-poses-heightened-threat-2021

Ottewell, Paul. "Defining the Cognitive Domain." Over the Horizon, 7 December 2020. https://othjournal.com/2020/12/07/defining-the-cognitive-domain/

Rasp, Leesa C. "It's not 30 pesos, it's 30 years": Chile's Fight for a More Equal Society." Australian Institute of International Affairs, 25 November 2022. https://www.internationalaffairs.org.au/australianoutlook/its-not-30-pesos-its-30-years-chiles-fight-for-a-more-equal-society/

Right Response Team. "The Far Right and the Southport Riot: What We Know So Far." HOPE not hate, 31 July 2024. https://hopenothate.org.uk/2024/07/31/the-far-right-and-the-southport-riot-what-we-know-so-far/

Rid, Thomas. *Active Measures: The Secret History of Disinformation and Political Warfare*. Farrar Straus & Giroux, 2020.

Rosner, Yotam, and David Siman-Tov. "Russian Intervention in the US Presidential Elections: The New Threat of Cognitive Subversion." INSS Insight No. 1031, 8 March 2018. https://www.inss.org.il/publication/russian-intervention-in-the-us-presidential-elections-the-new-threat-of-cognitive-subversion/

Russian Federation. "Information Security Doctrine of the Russian Federation." 9 September 2000.

Schultheis, Emily. "It's not just QAnon: Why Germany is a hotbed for far-right conspiracy movements." 23 December 2022. https://

researchgate.net/publication/337228818_Cognitive_Warfare_-_Mackiewicz-Diana_2018

Maddox, David. "Former security minister raises concerns Putin behind Southport far-right disinformation." Independent, 31 July 2024. https://www.independent.co.uk/news/uk/politics/southport-far-right-disinformation-russia-b2589041.html

Mankovska, Viktoriia. "One fake news story fuelled riots across the country. How Russian propaganda affects the UK." Svidomi, 20 September 2024. https://svidomi.in.ua/en/page/one-fake-news-story-fuelled-riots-across-the-country-how-russian-propaganda-affects-the-uk

McAfee, Tierney. "What Is the Alt-Right Anyway? A User's Guide." People, 25 August 2016. https://people.com/celebrity/what-is-the-alt-right-inside-the-movement-hillary-clinton-links-to-donald-trump/

Muggah, Robert. "In Brazil, Qanon Has a Distinctly Bolsonaro Flavor." Foreign Policy, 10 February 2021. https://foreignpolicy.com/2021/02/10/brazil-qanon-bolsonaro-online-internet-conspiracy-theories-anti-vaccination/

Nakajima Suzuki, Haruka, and Midori Inaba. "Psychological Study on Judgment and Sharing of Online Disinformation." 2023 IEEE 47th Annual Computers,Software, and Applications Conference (COMPSAC), 2023. https://ieeexplore.ieee.org/document/10196864

National Police Chiefs'Council. "Update on violent disorder arrests and charges." 20 September 2024. https://news.npcc.police.uk/releases/update-on-violent-disorder-arrests-and-charges

Norris, Sian. "Great Replacement & boogaloo: The ideology driving the modern far right." open Democracy, 6 August 2024. https://www.opendemocracy.net/en/far-right-riots-great-replacement-boogaloo/

information-environment/

Gross, Anna, and Daniel Thomas. "UK regulator preparing for 'strong action' against tech giants." Financial Times, 1 October 2024. https://www.ft.com/content/dde817fb-3ba7-4b16-b735-3ae1ec324c4c?FTCamp=engage/CAPI/website/Channel_ScoutAsia//B2B

Hvistendahl, Mara, and Alexey Kovalev. "Hacked Russian Files Reveal Propaganda Agreement With China." The Intercept, 30 December 2022. https://theintercept.com/2022/12/30/russia-china-news-media-agreement/

Islam, Saiful, et al. "COVID-19 vaccine rumors and conspiracy theories: The need for cognitive inoculation against misinformation to improve vaccine adherence. " PLOS ONE 16(5): e0251605, 12 May 2021. https://doi.org/10.1371/journal.pone.0251605

Kokotakis, Gia. "Into the Abyss: QAnon and the Militia Sphere in the 2020 Election." Gorge Washington University Program on Extremism, March 2023. https://extremism.gwu.edu/into-the-abyss-QAnon-in-US

Krieg, Gregory. "Clinton is attacking the 'Alt-Right' – What is it?" CNN, 25 August 2016. https://edition.cnn.com/2016/08/25/politics/alt-right-explained-hillary-clinton-donald-trump/

Laity, Mark. "NATO and the Power of Narrative." Information at War: From China's Three Warfares to NATO's Narratives, Legatum Institute, 2015. https://li.com/wp-content/uploads/2024/05/information-at-war-from-china-s-three-warfares-to-nato-s-narratives-pdf.pdf

Lee, Yimou. "China pressures influential Taiwanese band ahead of elections, sources say." Reuters, 28 December 2023. https://www.reuters.com/world/asia-pacific/china-pressures-influential-taiwanese-band-ahead-elections-sources-2023-12-28/

Mackiewicz, Diana. "Cognitive Warfare: Hamas & Hezbollah and their insidious efforts." INSS-Summer Institute, 2018. https://www.

Vereinigung sowie Durchsuchungsmaßnahmen in elf Bundesländern bei insgesamt 52Beschuldigten." Der Generalbundesanwalt, 7 December 2022. https://www.generalbundesanwalt.de/SharedDocs/Pressemitteilungen/DE/2022/Pressemitteilung-vom-07-12-2022.html

Deutscher Bundestag. "Aussprache nach „Reichsbürger"-Razzia: Harte Kritik an der AfD." 14 December 2022. https://www.bundestag.de/dokumente/textarchiv/2022/kw50-de-aktuelle-stunde-reichsbuerger-926426

Diaz Ruiz, Carlos, and Tomas Nilsson. "Disinformation and Echo Chambers: How Disinformation Circulates in Social Media Through Identity-Driven Controversies." Journal of Public Policy & Marketing, May 2022. https://journals.sagepub.com/doi/10.1177/07439156221103852

Directorate-General for Communication Networks, Content and Technology. "A multi-dimensional approach to disinformation." European Commission, 2018.

Doran, Neal. "Telefónica dragged to fringes of Colombian election fraud claims." TelcoTitans, 21 June 2022. https://www.telcotitans.com/telefonicawatch/telefonica-dragged-to-fringes-of-colombian-election-fraud-claims/4990.article

ElPlural.com. "Vox demuestra públicamente su apoyo a QAnon, la teoría de conspiración que se encuentra tras el asalto al Capitolio." 8 January 2021. https://www.elplural.com/politica/espana/vox-demuestra-publicamente-apoyo-qanon-teoria-conspiracion-asalto-capitolio_256817102

Gerasimov, Valery. "The Value of Science Is in the Foresight: New Challenges Demand Rethinking the Forms and Methods of Carrying Out Combat Operations." Military Review, January–February 2016.

Global Engagement Center. "How the People's Republic of China Seeks to Reshape the Global Information Environment." U.S. Department of State, 28 September 2023. https://www.state.gov/gec-special-report-how-the-peoples-republic-of-china-seeks-to-reshape-the-global-

Baumgärtner, Maik, et al. "China, Russland und die AfD - Alternative gegen Deutschland." Spiegel, 26 April 2024. https://www.spiegel.de/politik/deutschland/afd-spionageaffaere-russland-und-china-im-fokus-neue-enthuellungen-belasten-die-partei-a-46042b96-2d61-4bb4-ac25-ead57d7d6285

BBC. "Germany coronavirus: Anger after attempt to storm parliament." BBC, 30 August 2020. https://www.bbc.com/news/world-europe-53964147

Brangetto, Pascal, and Matthijs A. Veenendaal. "Influence Cyber Operations: The use of cyberattacks in support of Influence Operations." *2016 8th International Conference on Cyber Conflict (CyCon)*, 2016, pp. 113-126.

Bundesministerium des Innern und für Heimat. ""Reichsbürger" und "Selbstverwalter" - eine zunehmende Gefahr?" Bundesministerium des Innern und für Heimat, 12 December 2022. https://www.bmi.bund.de/SharedDocs/schwerpunkte/DE/reichsbuerger/topthema-reichsbuerger.html

Bunker, Robert J. "Information Operations and the Conduct of Land Warfare." The Land Warfare Papers, No. 31 (Arlington, Association of the United States Army, 1998). https://www.ausa.org/sites/default/files/LWP-31-Information-Operations-and-the-Conduct-of-Land-Warfare.pdf

Cordey, Sean. "Cyber Influence Operations: An Overview and Comparative Analysis." Center for Security Studies, 2019.

Datt, Thomas, et al. "Ist der AfD-Kandidat für OB-Wahl in Weißwasser ein Reichsbürger?" MDR, 19 August 2024. https://www.mdr.de/nachrichten/sachsen/bautzen/goerlitz-weisswasser-zittau/afd-kandidat-reichsbuerger-wahl-buergermeister-100.html

Der Generalbundesanwalt beim Bundesgerichtshof. "Festnahmen von 25 mutmaßlichenMitgliedern und Unterstützern einer terroristischen

散するのか』日本ファクトチェックセンター、2024年1月5日。https://factcheckcenter.jp/n/n6d60caea4a83

村井大介『ルールブック(神真都Q会結成宣言)＜神真都Q会活動における根幹土台となる強い意志と基本的考え＞』神真都Q公式Web site。https://sites.google.com/view/yamatoq/%E7%A5%9E%E7%9C%9F%E9%83%BD%E4%BC%9A%E3%81%AB%E3%81%A4%E3%81%84%E3%81%A6/%E3%83%AB%E3%83%BC%E3%83%AB%E3%83%96%E3%83%83%E3%82%AF/%E7%A5%9E%E7%9C%9F%E9%83%BD%E4%BC%9A%E7%B5%90%E6%88%90%E5%AE%A3%E8%A8%80?authuser=0

横山茂雄他『コンスピリチュアリティ入門―スピリチュアルな人は陰謀論を信じやすいか』創元社、2023年。

「反ワクチン団体「神真都Q会」、警察が動向注視…「闇の政府が支配」Qアノンの陰謀論拡散」『読売新聞』2022年5月8日。https://www.yomiuri.co.jp/national/20220508-OYT1T50019/

「「参加型」掲げ、勢力拡大　結党2年で政党要件―参政党」時事ドットコム、2022年7月19日。https://www.jiji.com/jc/article?k=2022071800261&g=pol

Abé, Nicola, and São Paulo. "Sturm auf den Kongress in Brasília -Wie Trumps große Lüge zum Exportschlager wurde." Spiegel, 14 January 2023. https://www.spiegel.de/ausland/brasilien-sturm-auf-den-kongress-in-brasilia-wie-donald-trumps-grosse-luege-zum-exportschlager-wurde-a-7fe588e4-6df4-44ef-8127-41630e2e9971

Alderman, Ray. "Domains of warfare and strategic offsets." Military Embedded Systems, 31 January 2017. https://militaryembedded.com/comms/satellites/domains-of-warfare-and-strategic-offsets

Baumgärtner, Maik, et al. "Die Putschfantasien der »Reichsbürger«-Truppe." Der Spiegel, 9 December 2022. https://www.spiegel.de/politik/deutschland/reichsbuerger-truppe-um-heinrich-xiii-prinz-reuss-operation-staatsstreich-a-909a7d84-aed9-4243-89bb-fb9caa68c71d

大澤淳「サイバー領域の安全保障政策の方向性」『新領域安全保障―サイバー・宇宙・無人兵器をめぐる法的課題』ウェッジ、2024年。

金森崇之、八田浩輔「ロシアのプロパガンダ、誰が拡散?　SNS分析でみえた情報戦の姿」『毎日新聞』2022年5月5日。https://mainichi.jp/articles/20220504/k00/00m/030/248000c

菊地茂雄「米軍における情報戦概念の展開(上)―ソ連軍「無線電子戦闘」(REC)から「情報環境における作戦」(OIE)へ」『NIDSコメンタリー』第267号、2023年7月20日。https://www.nids.mod.go.jp/publication/commentary/pdf/commentary267.pdf

小泉悠「ウクライナ危機にみるロシアの介入戦略―ハイブリッド戦略とは何か」『国際問題』第658号、2017年、38〜49頁。

笹川平和財団安全保障研究グループ『政策提言" 外国からのディスインフォメーションに備えを!〜サイバー空間の情報操作の脅威〜 "』2022年。https://www.spf.org/cyber/publications/20220207_cyber.html

土屋貴裕「ニューロ・セキュリティ―「制脳権」と「マインド・ウォーズ」」、『Keio SFC journal』第15巻第2号、2015年。https://koara.lib.keio.ac.jp/xoonips/modules/xoonips/download.php/0402-1502-0012.pdf?file_id=159394

Disinformation対策フォーラム『Disinformation対策フォーラム報告書』、2022年3月。https://www.saferinternet.or.jp/wordpress/wp-content/uploads/Disinformation_report.pdf

鳥海不二夫「ツイッター上でウクライナ政府をネオナチ政権だと拡散しているのは誰か」『Yahoo!ニュース』2022年3月7日。https://news.yahoo.co.jp/expert/articles/04ee93a7abb826613d41b4616da10b5d72113d87

藤原学思「反ワクチン「神真都Q会」にいた5人の公判　陰謀論の怖さ浮き彫りに」『朝日新聞』2022年11月17日。https://www.asahi.com/articles/ASQCK6SNTQCKUHBI02M.html

古田大輔『災害時に広がる偽情報5つの類型　地震や津波に関するデマはどう拡

White-Paper_QAnon_16April2021-final-1.pdf

Tlis, Fatima. "Russia reacts to Trump assassination attempt pushing its own narrative." VOA, 14 July 2024. https://www.voanews.com/a/russia-reacts-to-trump-assassination-attempt-pushing-its-own-narrative/7697909.html

U.S. Department of State Global Engagement Center. "More Than a Century of Antisemitism: How Successive Occupants of the Kremlin Have Used Antisemitism to Spread Disinformation and Propaganda." Global Engagement Center, Jan 2024. https://www.state.gov/wp-content/uploads/2024/01/GEC-Special-Report-More-than-a-Century-of-Antisemitism.pdf

Watercutter, Angela. "Taylor Swift, QAnon, and the Political Weaponization of Fandom." WIRED, 11 December 2023. https://www.wired.com/story/taylor-swift-psyop-conspiracy-theory-person-of-the-year/#intcid=_wired-article-bottom-recirc_2d4ddd63-fcdc-4964-b58c-f7bd26ad8783_text2vec1

第2章(長迫智子)

雨宮純「神真都Qと陰謀論団体とコンスピリチュアリティ」横山茂雄他『コンスピリチュアリティ入門―スピリチュアルな人は陰謀論を信じやすいか』創元社、2023年。

有井太郎「日本の「陰謀論」最新事情、反ワクチン団体・神真都Qと参政党の内実」ダイヤモンドオンライン、2022年8月26日。https://diamond.jp/articles/-/308599

イット!「【独自】「偽医者!」脅迫・口コミ低評価続出でワクチン接種中止に…クリニックに抗議電話した市議はSNSで「深く反省」」『FNNプライムオンライン』2024年10月11日。https://www.fnn.jp/articles/-/771495

Evans, Nicholas. "Gaza and Ukraine are separate conflicts, but conspiracy theorists are trying to link the two on social media: new research." The Conversation, 21 November 2023. https://theconversation.com/gaza-and-ukraine-are-separate-conflicts-but-conspiracy-theorists-are-trying-to-link-the-two-on-social-media-new-research-215803

House of Representatives. "Final Report of the Select Committee to Investigate the January 6th Attack on the United States Capitol." U.S. Government Publishing Office, 22 December 2022. https://www.govinfo.gov/app/details/GPO-J6-REPORT/

Meiman, Alyssa. "Trump has spread conspiracy theories about January 6th more than 175 times on Truth Social." CREW, 6 June 2024. https://www.citizensforethics.org/reports-investigations/crew-investigations/trump-has-spread-conspiracy-theories-about-january-6th-more-than-175-times-on-truth-social/

National Intelligence Council. "Foreign Threats to the 2020 US Federal Elections." National Intelligence Council, 10 March 2021. https://www.dni.gov/files/ODNI/documents/assessments/ICA-declass-16MAR21.pdf

PolitiFact Staff. "PolitiFact's coverage of the Donald Trump assassination attempt." PolitiFact, 25 July 2024. https://www.politifact.com/article/2024/jul/22/politifacts-coverage-of-the-donald-trump-assassina/

Porter, Tom. "Deep State: How a Conspiracy Theory Went From Political Fringe to Mainstream." Newsweek, 2 August 2017. https://www.newsweek.com/deep-state-conspiracy-theory-trump-645376

R.J.E. "What is the "deep state"?" *The Economist*, 17 March 2017. https://www.economist.com/the-economist-explains/2017/03/09/what-is-the-deep-state

The Soufan Center. "QUANTIFYING THE Q CONSPIRACY: A Data-Driven Approach to Understanding the Threat Posed by Qanon." April 2021. https://thesoufancenter.org/wp-content/uploads/2021/04/TSC-

Wang, Cynthia S. "Why Are So Many Politicians Embracing Conspiracy Theories?" Kelogg Insight, 28 October 2022. https://insight.kellogg.northwestern.edu/article/why-are-so-many-politicians-embracing-conspiracy-theories

第1章（長迫智子）

ABC News. "What you need to know about the 'deep state'." ABC News, 29 April 2017. https://abcnews.go.com/Politics/deep-state/story?id=47086646

Bzdek, Vince. "The 7 conspiracy theories mucking up the 2024 elections." the Gazette, 17 February 2024. https://gazette.com/business/the-7-conspiracy-theories-mucking-up-the-2024-elections-vince-bzdek/article_8f2fddd8-cc69-11ee-9e5a-8b3f55a72b4c.html

Cabral, Sam. "US accuses Russia of 2024 election interference." BBC, 5 September 2024. https://www.bbc.com/news/articles/c8rx28v1vpro

Center on Extremism. "ADL Debunk: Myths and False Narratives About the Israel-Hamas War." ADL, 10 November 2023. https://www.adl.org/resources/article/adl-debunk-myths-and-false-narratives-about-israel-hamas-war

Cheathem, Mark R., and Zocalo Public Square. "Conspiracy Theories Abounded in 19th-Century American Politics." Smithsonian Magazine, 11 April 2019. https://www.smithsonianmag.com/history/conspiracy-theories-abounded-19th-century-american-politics-180971940/

Chopra, Anuj. "After Trump's Victory, US Election Falsehoods Shift Left." Barron's, 14 November 2024. https://www.barrons.com/news/after-trump-s-victory-us-election-falsehoods-shift-left-ce2d4ced

参考文献

はじめに（長迫智子）

国際大学グローバル・コミュニケーション・センター『偽・誤情報、陰謀論の実態と求められる対策』2023年5月。https://www.glocom.ac.jp/wp-content/uploads/2023/05/2022IN_report_full_FN.pdf

辻隆太朗『世界の陰謀論を読み解く―ユダヤ・フリーメーソン・イルミナティ』講談社現代新書、2012年。

横山茂雄他『コンスピリチュアリティ入門―スピリチュアルな人は陰謀論を信じやすいか』創元社、2023年。

Hristov, Todor, et al. *Introduction*. in Michael Butter and Peter Knight (eds.) Routledge Handbook of Conspiracy Theories, Routledge, 2021, pp. 11-15.

Klepper, David. "Secret history: Even before the revolution, America was a nation of conspiracy theorists." AP News, 1 February 2024.

Rogers de Waal, Joel. "Are conspiracy theories for (political) losers?" YouGOV, 14 February 2015. https://yougov.co.uk/politics/articles/11595-are-conspiracy-theories-political-losers

Uscinski, Joseph E. *Conspiracy Theories: A Primer*. Rowman & Littlefield Pub Inc., 2020.

Swami, Viren, et al. "An examination of the factorial and convergent validity of four measures of conspiracist ideation, with recommendations for researchers." PLOS ONE 12(2): e0172617, 23 February 2017. https://doi.org/10.1371/journal.pone.0172617

［著者略歴］

長迫智子（ながさこ・ともこ）

情報処理推進機構（IPA）サイバー情勢研究室研究員。東京大学文学部卒、同人文社会研究科修士課程修了。情報セキュリティ大学院大学情報セキュリティ研究科修士課程、博士課程修了。博士（情報学）（2023年）。笹川平和財団研究員を経て現職。情報セキュリティ大学院大学客員研究員を兼務。専門はサイバーセキュリティ（サイバー安全保障、政策研究）。近著に「認知戦情勢に鑑みる対日本の攻撃アプローチの検討」『戦略研究第34号』（芙蓉書房出版）、「情報操作型サイバー攻撃の脅威（1）（2）（3）」『CISTEC journal』（一般財団法人安全保障貿易情報センター）など。

小谷 賢（こたに・けん）

日本大学危機管理学部教授。専門はインテリジェンス研究、イギリス政治外交史。1973年京都生まれ。立命館大学国際関係学部卒業、ロンドン大学キングス・カレッジ大学院修了、京都大学大学院人間・環境学研究科博士課程修了。防衛省防衛研究所戦史部教官、イギリス王立防衛安保問題研究所（RUSI）客員研究員、防衛省防衛研究所主任研究官を経て現職。著書に『日本インテリジェンス史―旧日本軍から公安、内調、NSCまで』（中公新書）、『モサド―暗躍と抗争の六十年史』（新潮社）、『日本軍のインテリジェンス―なぜ情報が活かされないのか』（講談社選書メチエ）など。

大澤 淳（おおさわ・じゅん）

中曽根康弘世界平和研究所主任研究員。慶應義塾大学法学部卒、同大学院修士課程修了。外務省外交政策調査員、米ブルッキングス研究所客員研究員、内閣官房国家安全保障局参事官補佐、同局シニアフェローなどを経て現職。鹿島平和研究所理事、笹川平和財団上席フェローを兼務。専門は国際政治学（戦略評価、サイバー安全保障）。著書に『新領域安全保障―サイバー・宇宙・無人兵器をめぐる法的課題』（共著、ウェッジ）、『ウクライナ戦争はなぜ終わらないのか―デジタル時代の総力戦』（共著、文春新書）。

SNS時代の戦略兵器 陰謀論
民主主義をむしばむ認知戦の脅威

2025年1月24日　第1刷発行

著者　長迫智子　小谷 賢　大澤 淳
発行者　江尻 良
発行所　株式会社ウェッジ
〒101-0052　東京都千代田区神田小川町一丁目3番地1
NBF小川町ビルディング3階
電話　03-5280-0528　FAX　03-5217-2661
https://www.wedge.co.jp/　振替00160-2-410636

装丁・本文　秦 浩司
組版・印刷・製本　株式会社シナノ

ISBN978-4-86310-291-0　C0031